T0158031

Printed in the United States
By Bookmasters

الجنادرية

فكر وتراث وهوية

الدكتور صالح الشادي

الجنادرية

فكر وتراث وهوية

صور من التاريخ الحضاري السعودي

25عاما من العطاء في صناعة الكتب

الطبعة الأولى

1428هـ - 2008م

المملكة الأردنية الهاشمية رقم الإيداع لدى دائرة المكتبة الوطنية (2007/8/2685)

956.6
سبأ، صالح
الجنادرية: فكر وتراث وهوية/ صالح محمد سبأ.-
عمان: دار مجدلاوي 2007
(   ) ص.
ر.أ: (2007/8/2685)
الواصفات:/ تاريخ السعودية//السعودية //المملكة العربية السعودية //

* أعدت دائرة المكتبة الوطنية بيانات الفهرسة والتصنيف الأولية

ISBN 978-9957-02-307-2 (ردمك)

دار مجدلاوي للنشر والتوزيع
تليفاكس: ٥٣٤٩٤٩٧ - ٥٣٤٩٤٩٩
ص. ب ١٧٥٨ الرمز ١١٩٤١
عمان - الاردن

Dar Majdalawi Pub.& Dis.
Telefax: 5349497 - 5349499
P.O.Box: 1758 Code 11941
Amman- Jordan

www.majdalawibooks.com
E-mail: customer@majdalawibooks.com

◆ الآراء الواردة في هذا الكتاب لا تعبر بالضرورة عن وجهة نظر الدار الناشره.

الفهرست

الفصل الثالث

الفصل الرابع

العادات والتقاليد سعودية

مقدمة

جاءت هذه الدراسة استنادا على فرضية أن دراسة الماضي لأي مجتمع هي المدخل الحقيقي لفهم حاضره، خاصة بالنسبة للمجتمع السعودي ذو الخصوصية، فأرض السعودية بشكل عام تضم أهم المقدسات الإسلامية متمثلة في مكة المكرمة والمدينة المنورة، كما أنها تضم أهم الآثار التاريخية التي أوردها القرآن الكريم في بعض نصوصه، كآثار عاد في الربع الخالي في المنطقة الشرقية، وآثار أصحاب الأخدود في نجران في المنطقة الجنوبية، وآثار مدائن صالح في العلا في المنطقة الغربية.. إضافة إلى كونها أرضاً ذات تراث خاص تمثل بثقافة العصر الجاهلي بكل مفرداته الأدبية والاجتماعية والسياسية، هذا إلى جانب المتغيرات المتلاحقة التي شهدتها شبه الجزيرة العربية والتي تشكل المملكة العربية السعودية الجزء الأكبر من مساحتها، تلك المتغيرات التي تمثلت بحالات الهجرة والحل والترحال والحروب وما الى ذلك، عبر تاريخ طويل حافل وحتى عهد المتغير الأخير الذي تمثل في طفرة النفط في النصف الثاني من القرن العشرين.

ولبحث هذا الموضوع مبرر أكاديمي آخر، تمثل في عدم وجود دراسة كافية أو شاملة توثق الشكل العام للجوانب الحضارية التي تناولها المهرجان، حيث أن أغلب ما كتب بهذا الصدد لا يعدو عن كونه توثيقا جزئيا غير كافٍ تمثل في إصدار بعض الكتيبات الإعلامية، أو بعض المنشورات الصحافية التي لا تغني الباحثين إلا في جزئيات محدودة فقط. وعليه فقد سعيت أن تكون مفردات الجنادرية مدخلاً إلى تصور أشمل يمثل واقع المجتمع السعودي الذي كان عليه في كافة الجوانب الحضارية وبشيء من التوضيح.

وفي هذا البحث تم اختيار نماذج محددة للدراسة من المجتمع السعودي، نظراً لصعوبة حصر وتعداد كل المناحي الحضارية في بحث واحد (حيث أنها غزيرة التفاصيل غنية المفردات)، اعتمادا على ماتيسر من المراجع العلمية والتاريخية والزيارات الميدانية لموقع الدراسة (الجنادرية)، إلى جانب إجراء بعض المقابلات الشخصية مع أصحاب الفنون والمهن وأرباب الحرف الشعبية المشاركين في المهرجان.

اشتمل البحث على أربعة فصول، تناول الأول منها تعريفا بالجنادرية من حيث الموقع والفكرة والأهداف وأهم الإنجازات التي حققتها، كما تضمن الجوانب الادارية التي اشتملت على الاشراف والتنظيم، وأنواع اللجان القائمة على ادارة المهرجان، مع ذكر لأبرز الأسماء التي تشكلت منها تلك اللجان. علما بأن تغيرات وتعديلات طرأت على بعض تلك الأسماء خلال سنوات الجنادرية المتعاقبة تبعا لظروف العمل الاداري، وهو الأمر الذي تم تجاوزه بما يتلائم مع طبيعة هذا البحث.

وقد اشتمل هذ الفصل أيضا على نبذة عامة عن المملكة العربية السعودية وعن المناطق الأساسية التي شاركت بفعالية في أنشطة الجنادرية، وكذلك استعراضا عاما لوصف القرية وسوقها الشعبي الذي يمثل موقعا لمعظم فعاليات المهرجان الوطني للتراث والثقافة.

أما الفصل الثاني فتناول البعد الثقافي للجنادرية، بما في ذلك دور الندوات والمحاضرات الدينية والسياسية والثقافية في تفعيل المهرجان، وكذلك التعريف بأهم الأنشطة الأخرى، كالشعر، والفنون، والألعاب الشعبية السائدة، وفنون الفروسية.

وجاء الفصل الثالث ليناقش موضوع الحرف والصناعات اليدوية التى سادت في المجتمع السعودي، متضمنا فن العمارة والبناء، وأساليب الزراعة التي كانت سائدة في الماضي، ومكونات العمل الزراعي وأدواته.

أيضا تطرق هذ الفصل الى الطرق ووسائل النقل التي اعتمد عليها المجتمع السعودي في حله وترحاله، كما تناول التجارة والأسواق وماكانت عليه في السابق.

أما الفصل الرابع فتناول بعض ملامح العادات والتقاليد السعودية في فترة ما قبل النفط.

كل الشكر والتقدير لكل من ساهم وعمل على إخراج هذا البحث إلى حيز النور، وأخص بالذكراستاذ التاريخ الحديث، الصديق الدكتور عبدالمجيد الشناق، وغيره من الإخوة الأفاضل من ذوي الإختصاص والخبرة، و الله أسأل أن يمدنا بعونه، وأن ييسر لنا سبل الخير أجمعين.

المؤلف

تمهيد

قبل بدء الحديث عن قرية الجنادرية التاريخية ودورها في إبراز الجوانب الحضارية - من تراث وفكر وهوية - للمجتمع السعودي.. لابد من العودة إلى ما مضى من الدهر لتتبع الأثر الحضاري للعرب وتطوره عبر العصور، لكي يتسنى لنا فهم الحاضر بصورة جلية، وعلى أسس علمية راسخة لا تشوبها الشوائب ولا تصورها الأهواء.

"إن للحضارة العربية جذور تمتد في أعماق التاريخ الآف السنين.. حيث كشفت جهود التنقيب عن الآثار في جزيرة العرب، عن حضارة متنوعة الوجوه والأشكال، عكست دور تلك الجزيرة كنقطة التقاء بين حضارات بلاد الصين والهند والعراق وبلاد الشام والبحر المتوسط ومصر والحبشة. لذا كانت الجزيرة العربية منطقة جذب حضاري وتفاعل بشري، تأخذ وتعطي وتؤثر و تتأثر، نظرا لارتباطها بالحضارات المجاورة.. وهي حضارات قد تكون متقدمة في أكثر من مضمار.. ولكنها ترجع في جذورها إلى الجذور التي انطلقت منها حضارة الجزيرة العربية نفسها.

ولا شك بأن الجزيرة العربية بما كشف عنه البحث ألآثاري تضم بعضا من أقدم الحضارات الإنسانية منذ عصور ماقبل التاريخ. كما نشأت بها حضارات لها أصالتها، بل وتضاهي في بعض نواحيها الحضارات القديمة المعروفه، ذلك لأن موقعها الجغرافي جعل منها في عصور مختلفة منطلقا لهجرات متتابعة إلى وادى الرافدين وبلاد الشام ووادي النيل. إذ أن العرب في انطلاقهم بالدين الإسلامي والدعوة له، لم يكونوا منطلقين من فراغ، بل كانوا على علم ودراية بفنون مختلفة من فنون المعرفة.

فهم - كما يقول د. عبدالرحمن الأنصاري: "لم يكونوا كما يصورهم البعض بأنهم قد خرجوا من صحراء قاحلة لازرع فيها ولاضرع، وأنهم لم يفرقوا بين الملح والكافور، أو أنهم لم تكن لديهم دراية بفنون العمارة والزخرفة والرسم، وأن بدايات الحضارة في العصر الأموي كانت متأثرة.. بل وتكاد تكون نقلا عن الحضارات المعاصرة لها"[1].

ولكن الحقيقة التي لاغبار عليها أن عرب الجزيرة كانوا على معرفة كاملة بمعظم الجوانب الحضارية، مما أهلهم لممارسة الحياة في أماكن فتوحاتهم بسهولة ويسر، ولا يخالجنا أدنى شك في أن القرآن الكريم وهو معجزة النبي محمد (صلى الله عليه وسلم)، يدل دلالة واضحة على أن العرب كانوا على دراية بعلوم مختلفة، في مقدمتها فصاحة اللغة، ثم تأتي بعدها النواحي الحضارية الأخرى ومن أهمها الكتابة، ولعل ألفاظ الكتابة ومسمياتها المبثوثة في آي الذكر الحكيم، خير دليل على تنوع معارفهم وعمق فهمهم وممارستهم فيها، كما أن العرب كانوا مدركين لخلفيات تاريخية رددها القرآن الكريم لتكون عظة وعبرة لهم، وإلا فإننا نكون قد قللنا من قيمة المعجزة القرآنية"[2].

وعلى هذا يمكن لنا البدء بثبات في الحديث عن الجوانب الحضارية المتقدمة نسبيا لمجتمعات شبه الجزيرة العربية (ما قبل النفط) من خلال الأنموذج السعودي، تلك الجوانب التي كان لقرية الجنادرية التاريخية الأثر الأكبر في إبرازها وتقديمها إلى شهود العيان كدلالة واضحة على أصالة تلك الحضارة ورسوخها إلى يومنا هذا.

---

(1) عبدالرحمن الأنصاري، من مقدمته لكتابه (قرية الفاو).
(2) عبد الرحمن الأنصاري، قرية الفاو صورة للحضارة العربية قبل الاسلام، إصدار جامعة الرياض 1377 م ص14.

الفصل الأول
الجنادرية

(1)

الفصل الأول

الجنادرية

الجنادرية لغة.. من أصل جندر الكتاب: أي أمرَّ القلم على ما درس منه، وجندر الثوب: بمعنى أعاد له رونقه بعد تلاشيه، كما جاء في لسان العرب. وأما الجنادرية اصطلاحا: فهو اسم يطلق على روضة من الرياض الملحقة بوادي (السُليْ) في (صحراء الثمامة النجدية، 30 كم شمال العاصمة السعودية الرياض أو ماكان يطلق عليها اسم "حَجْر" في عصور سابقة)[1].. و(السُليْ)[2] واد قديم ورد اسمه في الشعر الجاهلي.. ولا يزال بهذا الاسم.. وكان مشهورا في القديم بأنه من الأمكنة التي تألفها الظباء، وحيوانات الصيد الأخرى.

أما اسم روضة الجنادرية بالأصل فهو (روضة سُويْس)[3] وهو من الأسماء التي وردت في كتاب بلاد العرب.. كما يروي العلامة السعودي حمد الجاسر[4].. أما عن أصل كلمة جنادرية فيقول الجاسر بأن أسماء المواضع كثير منها قد يكون غير مشتق.. ولهذا يلجأ علماء اللغة كثيرا إلى القول بأن الأسماء لا تعلل، وبخاصة

(1) فهد بن عبد العزيز العسكر، الرياض، وكالة شؤون الشباب، الطبعة الأولى الرياض 1993م ص31.

(2) حمد الجاسر، السويس بدلا من الجنادرية، مجلة الحرس الوطني، العدد 135 إبريل 1988 ص6.

(3) المرجع السابق ص6.

(4) كاتب ومؤرخ وأديب سعودي، له مؤلفات عدة منها، مدينة الرياض عبر أطوار التاريخ، معجم قبائل المملكة العربية السعودية، ولمزيد من المعلومات انظر كتاب حمد الجاسر علامة الجزيرة العربية، الملحقية الثقافية بسوريا، ط بيروت 2002.

فيما يعجزون عن تعليله. ومن هذا قول (ياقوت) [1] في هذا الاسم بأنه علـم مرتجـل.. أي ليس مشتقا، وان فهم من صيغته اشتقاقا [2].

وحسب ما أخبرني به قائد موقع الجنادرية اللواء / سعد بن مطلق أبو اثنين [3] بأن الأهالي كانوا ولا زالوا، يقصدون المكان طلبا للراحـة والاسـتجمام وللاسـتمتاع بخضرة الربيـع ونضرته بعيدا عن صخب العاصمة، وأنه كان موضعا لتجمع مياه السيول.. وأن مسـماه هـو الجنادرية، دون أن يعرف أصلا لتلك الكلمة، وان كان يعتقد - كما هو المتعارف عليه لدى البعض - بأنه اسم مشتق مـن عشبة أو نبتة بريـة أشتهر بها ذلك المكان.. في زمن ما.

ولعل الأقرب - كما أعتقد - أن اسم (الجنادرية) رديف أو مقابل لكلمة (الجابِيَة) وهي مجمع المـاء بعد إخراجه من البئر [4] وهي كلمة شائعة ومعروفة في معجم الكلمات الشعبية الدارجة في نجـد، ولعل مرتادي المكان قد أطلقوا عليه هذا الاسم نظرا لكونه مجمعـا لسيول الأودية المحيطة ومشابها بصـفته لمجمع مياه البئر بعد استخراجها.. ومما يدفع بي لهذا الترجيح هو تقارب الكلمتين وزنا وجرسا فالجنادرية والجابية كلمتان متقابلتان صوتيا لا خلاف على ذلك.. إضافة لتماثل الصفة المكانية لمدلول كلا المفردتين.. وهي مجمع الماء، هذا من البئر وذاك من السيول.

---

(1) هو أبو عبد اللـه ياقوت بن عبد اللـه الحموي، رومي الأصل. ولد في بلاد الروم عام 575هـ صاحب كتـاب معجـم البلـدان. انظـر ابـن خلكـان، وفيات الأعيان. بيروت ج6 ص127.

(2) حمد الجاسر، السويس بدلا من الجنادرية، م.س.، ص6.

(3) أحد القيادات العسكرية النشطة في الحرس الوطني وقائد موقع الجنادرية، تم اللقاء به خلال انعقاد مهرجان الجنادرية في يوم 11-1-2003م.

(4) عبد الرحمن المانع، معجم الكلمات الشعبية في نجد، الطبعة الأولى 1418هـ مكتبة الملك فهد بالرياض ص31.

أما عن الثمامة[1] والتي تحتضن موقع الجنادرية.. فقد تبين من أول مسح أثري لها في العام 1982م أنها قد شهدت حضارة راقية إبان العصر الحجري الحديث (8000 سنة ق م)[2]، حيث انتشرت مساكن أهل الثمامة على ضفاف الأودية وسفوح التلال.

ويضاف إلى ذلك انتشار مجموعات كبيرة من الأدوات الحجرية والصوانية التي تدل على مهارة فائقة في فن التصنيع البدائي[3].

وتعتبر الرياض العاصمة السعودية أقرب حاضرة إلى موقع الجنادرية جغرافيا وبيئيا.. وقد عرفت الرياض سابقا باسم حجر أو (هجر)[4]. ويعلل المؤرخون[5] تسمية (حجر) كما يذكر العلامة حمد الجاسر[6] الجاسر[6] بأن (عبيد بن ثعلبة الحنفي) لما أتى اليمامة ووجد قصورها وحدائقها خالية من سكانها من قبيلة قبيلة (طسم) بعد فنائها، احتجز منها ثلاثين قصرا وثلاثين حديقة فسميت (حجيرته) حجرا[7]. ولكن المدينة كانت موجودة في عهد طسم، قبل نزول بني حنيفة فيها، حيث كانت تسمى

---

(1) الثمامة إسم لأرض صحراوية، تقع شمال مدينة الرياض العاصمة السعودية.. أنظر ملحق الخرائط.

(2) وكالة الآثار والمتاحف، مقدمة في أثار المملكة العربية السعودية، وزارة المعارف، الرياض 1999 ص28.

(3) المرجع السابق ص28.

(4) كانت موطن قبيلتي (طسم وجديس) ويعدهما المؤرخون من العرب البائدة، ويقارنونهما بقبيلة (ثمود) ويرجعون القبائل الثلاث إلى جد واحد، ألا وهو (سام بن نوح عليه السلام)، ويقصد بالكلمتين (هجر، حجر) في لغة العرب العاربة (قرية).

(5) أمثال ياقوت، سبقت الإشارة إليه، أنظر في كتابه معجم البلدان ج2 ص221. والأصفهاني الحسن بن عبد الله - في كتابه بلاد العرب، منشورات اليمامة 1388هـ ص 361. وكذلك الهمداني، الحسن بن أحمد بن يعقوب - في كتابه صفة جزيرة العرب، منشورات دار اليمامة 1394هـ ص307.

(6) سبقت الإشارة إليه، أنظر كتابه، مدينة الرياض عبر أطوار التاريخ، دار اليمامة، الرياض 1386هـ ص14.. المرجع السابق ص14.

(7) إبراهيم بن عبد العزيز السبيعي، الجغرافية التاريخية لمنطقة الرياض، من اصدارات المهرجان الوطني للتراث والثقافة، الرياض 1993م ص211.

(خضراء حجر) و(مدينة نجد حجر)[1]، وقد ازدهرت هذه المدينة في عهد بني حنيفة بالجاهلية.. كما أن جماعة من أهلها قد وفدوا إلى الرسول (صلى الله عليه وسلم) في السنة العاشرة من الهجرة.. فأكرمهم وحياهم[2].

وفي القرن الثامن الهجري زار (حَجْر) الرحالة ابن بطوطة وذلك سنة 732هـ وقال فيها: "أنها مدينة حسنة، خصبة، ذات أنهار وأشجار، يسكنها طوائف من العرب أكثرهم من بني حنيفة.. وهي بلدهم قديما وأميرهم طفيل بن غانم"[1].

"وقد اتخذ العرب من (حجر) سوقا من أكبر وأعظم الأسواق في جزيرة العرب، يفدون إليها من سائر أنحائها، يحملون لنتاجهم ومصنوعاتهم وتحفهم، ويعدون العدة لمفاخرتهم ومكاثرتهم، وتلتقي فيها الشعراء، وتقوم سوق الخطابة ومساجلات الأدب، واقرار فصيح اللغة وتزييف دخيلها وساقطها.

وكانت تبدأ هذه السوق من العاشرمن شهر محرم من كل عام"[3]. وأما في القرن الثاني عشر الهجري الهجري فقد أطلق اسم الرياض على ماتبقى من المحلات القديمة من مدينة (حجر)[4]، والتي كانت في القديم عبارة عن بساتين وحدائق تتخلل المدينة، وتطيف بها، وكانت في مبدأ أمرها عبارة عن أودية وأراض منبسطة، فغمرتها مياه الأمطار، فنبتت فيها الأشجار والزر وع بمختلف أنواعها زمن الربيع،

---

(1) ابن الفقيه، أبو بكر أحمد بن محمد الهمذاني مختصر كتاب البلدان، ليدن، بريل 1302هـ ص30.

(2) فهد بن عبد العزيز الكليب، الرياض ماض تليد وحاضر مجيد، دار الشبل الرياض 1990م ص 54.

(1) ابن بطوطة، ابوعبد الله محمد بن ابراهيم - رحلة بن بطوطة، بيروت، دار صادر، بيروت 1384هـ ص306.

(3) عبد الله بن محمد بن خميس - معجم اليمامة، الرياض، مطابع الفرزدق الطبعة الثانية 1400هـ الجزء الأول ص 42.

(4) ومن أسماء تلك المحلات: (معكال)، و(مقرن)، و(العود) وغيرها، وهي تقع داخل حدود مدينة الرياض الحالية، ولازالت بعض التسميات تلك قائمة ومستخدمة وتطلق على بعض المواقع حاليا (كمقبرة العود) مثلا، أو تضمنتها بعض قصائد الشعراء الشعبيين كقول الشاعر. مرحوم ياللي في ثرى العود مدفون.

فكانت روضات متقاربة ومتجاورة في المكان، فأطلق عليها الرياض [1] والثابت عموما ان الجنادرية كانت احدى تلك الروضات، لتلاصقها وتشابكها الجغرافي بحجر أو الرياض الحاضرة والعاصمة.

من خلال هذه القراءة التاريخية العابرة، فإننا نتلمس مدى ارتباط وتأثر ذلك المكان وتلك القرية - موقع الدراسة - بالأثر الحضاري الذي حاورها وجاورها عبر تاريخ بعيد.. مما يبرر فكرة اختيارها كمجمع للتراث في وسط شبه الجزيرة العربية، بعد أن كانت ولعقود خلت، مجمعا للسيول وللحضارات على السواء.

فكرة المهرجان

قبل أن تظهر قرية الجنادرية إلى الوجود، كانت أرض الجنادرية موقعا احتفاليا تم اختياره من قبل جهاز الحرس الوطني السعودي لإقامة عروض سباق الهجن (الجمال)، تلك الرياضة العربية الشعبية المحببة للسعوديين، وقد أقيم أول سباق (رسمي) [2] للهجن على أرض الجنادرية في العام 1401هـ الموافق1981م [3]، ليصبح سباقا سنويا يقام مرة كل عام، ومسافته 19 كيلومترا، ويشترك فيه عادة آلاف الهجن تنطلق دفعة واحدة.

وقد كان ذلك السباق السنوي يحظى برعاية ملكية في كل عام [4]، ولكن وتطويرا لفكرة هذا السباق، فقد أصدر خادم الحرمين الشريفين الملك فهد بن عبدالعزيز آل سعود ملك المملكة العربية السعودية (رحمه الله) في العام 1405هـ

---

(1) فهد بن عبدالعزيز الكليب، الرياض ماض تليد وحاضر مجيد، م.س.، ص67.
(2) يذكر أن أرض الجنادرية قد شهدت عدة سباقات للهجن كانت تقام بصورة غير رسمية منذ العام 1395 الموافق للعام 1975م.
(3) عبدالعزيز عبدالرحمن الشعيل وآخرون، المهرجان الوطني للتراث والثقافة، مطابع الحرس الوطني، الرياض 1986 م ص112.
(4) مجلة الحرس الوطني، العدد 03 رجب 51405 – ص 051.

الموافق 1985م أمره بانشاء قرية متكاملة للتراث على الطراز الشعبي وعلى ضـوء التقاليـد العربيـة الأصيلة والقيم الإسلامية المجيدة[1].. وتضمن الأمر أن يشرف عليها صاحب السمو الملكي الأمير عبدا لله بـن عبد العزيز ولي العهد ونائب رئيس مجلس الوزراء ورئيس الحرس الوطني السعودي (آنذاك).. الذي أصدر أمره بتكوين لجنة عليا لإقامة المهرجان عـلى أرض الجنادريـة 30 كيلـومترا شـمال شرق العاصـمة.. برئاسـة صاحب السمو الملكي الأمير/ بدر بن عبد العزيز نائب رئيس الحرس الوطني[2].

أهداف المهرجان

بعد صدور التوجيهات الملكيـة السـامية، بتطـوير فكـرة سـباق الهجـن إلى مهرجـان وطنـي للـتراث والثقافة، تكونت هيئة من كل من: الحرس الوطني وإمارة الرياض. والرئاسة العامة لرعاية الشباب. ووزارة الإعلام[3]. حيث أوصت تلك الهيئة بانعقاد المهرجان وفق الأهداف التالية:

- تطوير سباق الهجن، والتوسع فيه، بحيث يغطي المهرجان الجوانـب الثقافيـة والفنيـة، باعتبـار أن الثقافة هي المدخل إلى الحضارة أما الفنون فهي التعبير الواقعي الملموس عن الحضارة، وإحـدى السـمات الرئيسية لها.

- التأكيد على أهمية التراث والعمل بكل جهد على إحيائه بشتى الوسائل والتصدي للمحاولات التي تستهدف التقليل من شأنه.

(1) ذكر ذلك صاحب السمو الملكي الأمير / سلطان بن عبد العزيز النائب الثاني لـرئيس مجلـس الـوزراء ووزيـر الـدفاع والطـيران والمفـتش العـام في تصريح له لنشرة التراث، نشر بتاريخ 1405/7/3 وأعيد نشره في صحيفتي الجزيرة العدد (4561) وتاريخ 1405/7/4 ص1، 3. وصحيفة الريـاض العدد (6119) بتاريخ 1405/7/4 بالصفحة الأولى.

(2) خالد محمد السالم، الجنادرية ماض وحاضر، الرياض 1415هـ ص13، 14.

(3) مجلة الحرس الوطني، العدد 30م.س.، ص150.

- إيضاح العلاقة التبادلية بين التراث والنمو الثقافي.

- إظهار الوجه الحضاري المشرق للمملكة من خلال التعريف بأوجه النشاطات الثقافية والفنية المختلفة المتوفرة في المملكة وإبراز دور كل منها، وخاصة تلك التي تستمد مادتها من التراث، أنها توضح جهود الأسلاف في شتى ميادين المعرفة والإنجازات الضخمة التي حققوها، وتربط الحاضر بالماضي.

- إتاحة الفرصة أمام الشباب لزيادة معلوماتهم عن تراثهم الشعبي كتربة خصبة لشتى المجالات الثقافية والفنية، مع إلقاء الضوء على أثر التراث الشعبي في هذه المجالات من خلال تقديم المهرجان لبعض الفقرات التي يراعى فيها الآتي:

- إبراز رسالة الأدب والشعر الشعبي وأهدافها في مضمار الحياة من خلال الندوات الأدبية والأمسيات الشعرية وشعر النظم والمحاورة.

- إشراك فرق الفنون الشعبية من مختلف مناطق المملكة لتعبر برقصاتها الشعبية المختارة عن إبداعها الفني.

- تسليط الضوء على دور الفن التشكيلي في الحفاظ على الثقافة وصيانتها في المجتمع باعتباره وسيلة هامة من وسائل التسجيل التاريخي وذلك من خلال إعداد معرض للفنون التشكيلية يشترك فيه نخبة من الفنانين يتقدم كل منهم بعدة أعمال فنية تبرز التراث الشعبي.

- استعراض بعض جوانب التراث والثقافة في المجالات المختلفة من خلال معارض للصحف والدوريات والصور الإعلامية ورسوم الأطفال والآثار والكتب

والصناعات التقليدية والحرف والأزياء المحلية والحلي وصور الفروسية والهجن وصور الصيد والرياضة[1].

مكونات المهرجان

سوق شعبي كبير، ويشتمل على أماكن لعرض التراث في السوق من أدوات مستخدمة في المنزل أو أدوات الزينة أو الطيب وأدوات الحرب والصيد وما إلى ذلك، كذلك يعرض فيه نماذج لبعض الحرف وكيفية صنعها.

الدياسة، وهي عملية استخراج الحب بعد اكتمال فترة نموه، حيث يبرزها المهرجان بالطريقة المستخدمة قديما.

السواني، ودورها رفع الماء من الآبار وما تقوم به الإبل والبقر والحمير في هذا المضمار مع إبراز دقة صناعة أدواتها محليا.

الحراثة، وقد كانت تعتمد على السواعد أو أدوات الحرث البدائية، وهي تثبت عطاء البيئة في إيجاد أدوات للحراثة وتصنيعها محليا[2].

الفنون الشعبية، وهي من أهم الأنشطة التي يقدمها المهرجان وذلك بالتنسيق مع الرئاسة العامة لرعاية الشباب ممثلة في جمعية الثقافة والفنون[3]، حيث تبرز الفرق الشعبية المتخصصة فنون وألعاب[4] كل منطقة مشاركة، وذلك في ساحات العرض التي أعدت لهذا الغرض.

---

(1) عبد الحفيظ الجازع الشمري، من عكاظ إلى الجنادرية، الطبعة الأولى الرياض 1994م ص119، 120.

(2) جريدة اليوم، العدد 5024 بتاريخ 18/7/ 1407هـ ص11.

(3) جريدة الرياض، العدد 6843 بتاريخ 1407/7/19هـ ص 17

(4) سيتم تناول تلك الألعاب والفنون وأستعراضها في الفصل الثاني.

إنجازات المهرجان

لقد تمكن المهرجان الوطني للثقافة والفنون (الجنادرية).. وخلال زمن قياسي، من تحقيق جل الغايات والأهداف المرسومة له. فقد جسد على أرض الواقع ملامح الماضي العريق، شاخصة ناطقة، وبث الروح في أروقة الذاكرة، وذكّر الشيخ بصباه. ولعل المتأمل في أثر ذلك المشروع الحضاري يلحظ الفارق الذي أحدثته تلك الحركة الثقافية بعد أن إستعر أوارها على صعد عده كان من أبرزها:

تنامي الوعي لدى العامة بأهمية الموروث وضرورة الحفاظ عليه.. وبأن الحضارة مفهوم أشمل وأوسع من مفهوم المدنية[1]، وبأن الحاضر ماهو إلا ابن للماضي وامتداد له.

ظهور شريحة اجتماعية مثقفة، تستند في تطلعاتها ورؤاها على مبدأ الأصاله كمنطلق لفهم الواقع الحضاري فهما عميقا، يمكّن من إستشراف المستقبل ويساهم في التخطيط له[2].

تأكد للمتابع والزائر بأن المجتمع السعودي لم يكن بتلك الصورة القاتمة، والتي أظهرته على أنه عبارة عن مجموعات قبلية متناحرة متأخرة.. فما قُدم ويُقدم من خلال (الجنادرية) من تراث وموروث فكري وثقافي، عمل على إزاحة الستار عن

(1) كان الاعتقاد لدى العامة بأن الحضارة تتمثل في استخدام وسائل وتقنيات العيش الحديثة التي اعتمدت على تقنيات الصناعة والطاقة وخلافها أو ما عرف بالمدنية، إلا أن المهرجان ومن خلال ماقدم ومايقدمه من صور مشرقة للموروث صحح من ذلك الاعتقاد ليصبح للحضارة مفهومها الأعمق، وهو أمر يستشعره كل من زار موقع المهرجان أما للمشاهدة أو للبحث والاطلاع.

(2) هذه الشريحة تمثلت في الباحثين وأرباب القلم والصحافة، وقد انعكس هذا الأمر على شكل الخطاب الثقافي العام وفي مسألة أسلوب التعامل مع المستقبل على أرضية فهم الماضي، وذلك من خلال ما قدمته وسائل الاعلام المختلفة بتأثير من مهرجان الجنادرية.

حضارة إنسانية متأصلة صنعها الإنسان العربي ابن الجزيرة العربية وعاشها، على الرغم من شح الموارد وضعف الإمكانيات وقسوة الطبيعة[1].

الجنادرية ليست مهرجانا إقليميا ضيق الأفق، بل تظاهرة عربية إسلامية ذات مغزى ومدلول. والمتتبع لمسيرة ذلك المهرجان وبرامجه، يلحظ الرسائل السياسية والفكرية والاجتماعية العربية والإسلامية التي بثت لأمم الأرض.

فمنذ بدء انطلاقته تناول المهرجان ومن خلال ماقدم على هوامشه من ندوات وأمسيات وعروض فنية (أوبريتات)، معظم هموم وقضايا الوطن العربي والبلاد الإسلامية.. ودعى إلى حوار الأديان، وإلى نبذ الصراعات بين الشعوب، وإلى كوكب تسوده الألفة ويحفه السلام[2].

تبلور من خلال المهرجان دور المؤسسات العسكرية الثقافي والاجتماعي في وقت السلم.. الجنادرية كانت ولازالت جهدا مركزا ضد الجهل والانغلاق، وردا على الفهم الخاطىء لمعنى الحضارة، قادتها إدارة عسكرية، مدنية التوجه[3].

---

(1) عمدت بعض وسائل الاعلام الغربية إلى تشويه الصورة الحضارية للانسان العربي إما جهلا أو عمدا، وذلك عبر تقديمه بصورة الجاهل والبربري الذي يعيش وفقا لرغباته وغرائزه، ومن خلال تجريده من الصورة الحضارية الحقة التي كان عليها، وقد جاء ت الجنادرية بصورتها الناطقة لتدحض هذا الأمر بتقديمها للواقع التاريخي الصحيح بلا تحريف أو زيف.

(2) قامت الجنادرية ومنذ بدء أنشطتها باستضافة العديد من المفكرين والعلماء والأدباء من كل جهات الأرض للتحاور والتشاور والمناقشة وذلك للخروج بفهم أكبر للعلاقات الإنسانية بين شعوب الأرض على كافة الصعد، كما قامت بتوضيف الفن خدمة لقضايا الأمة العربية والاسلامية، كقضية فلسطين، ومسائل الصراعات العسكرية في الخليج، والتطرف الديني، الخ وهو ما سيوضح لاحقا في هذا البحث.

(3) المعلوم أن رئاسة الحرس الوطني والتي تبنت فكرة مهرجان الجنادرية مؤسسة عسكرية، إلا أن اهتمامها بالعمل الثقافي بشموليته يدل على أهمية مثل تلك المؤسسات في مسائل البناء الفكري والأخلاقي للمجتمع بشكل عام في حالات الحرب والسلم على حد سواء.

تعتبر قرية الجنادرية (كبناء)، من أبرز مكتسبات فكرة المهرجان. فقد أصبحت تلك القرية الموشحة بالفن، والتي بنيت حديثا وفق الصورة القديمة أنموذج حي، يشهد على أصالة الماضي وعلى عراقته[1]. إضافة لكونه معلما بارزا في قلب صحراء العرب، نابضا بالصدق وفواحا بالحقيقة. وارتياد تلك القرية يعد سياحة تاريخية وجغرافية لا تنسى تختصر الكثير من الوقت   وتوفر الجهد، وتنقل بأمانة مالا يستطيع القلم نقله.

المناطق السعودية المشاركة

تقع المملكة العربية السعودية في الجزء الجنوبي الغربي من آسيا بين قارات العالم الثلاث: آسيا وأفريقيا وأوروبا، وتبلغ مساحتها 2,240,000 كيلومترا مربعا تقريبا[2]. وقد هيأ هذا الموقع لشبه الجزيرة العربية دورا تاريخيا منذ أقدم العصور، حيث كان ممرا للهجرات والرحلات المتجهة شرقا أو غربا أو شمالا، الأمر الذي أحدث تفاعلات حضارية تركت آثارها العميقة على المناطق المحيطة بشبه الجزيرة العربية و التي تشغل السعودية (80. /0) من مساحتها[3]، مما جعلها أرضا ذات خصوصية حضارية جامعة ومتأصلة.. فضلا عن كونها حاضنة لأقدس مدينتين إسلاميتين هما مكة المكرمة، والمدينة المنورة.

ويبلغ عدد سكان المملكة العربية السعودية حوالي 16,929,294 نسمة تقريبا[4]، ينتشرون في كافة المناطق الحضرية والريفية، ويختلف عدد هم من مدينة إلى أخرى، أو من قرية إلى أخرى. ويحدها جوارا الأردن والعراق من

---

(1) أنظر جريدة عكاظ، العدد 6858 بتاريخ 1405/7/2هـ ص4، وكذلك مجلة إقرأ، العدد 514 بتاريخ 1405/6/30هـ ص80، وأيضا جريدة الشرق الأوسط العدد 2306 بتاريخ 1405/7/1 هـ ص2.

(2) وزارة الإعلام، هذه بلادنا، الرياض 1996 ص41.

(3) المرجع نفسه نفسه ص 41.

(4) جاسم محمد الياقوت، الأيادي البيضاء، الطبعة الأولى، الرياض 1994.

الشمال، وعمان واليمن من الجنوب، والكويت من الشمال الشرقي، وخليج العرب والإمارات العربية وقطر والبحرين من الشرق أما من الغرب فيحدها البحر الأحمر وتمتد سواحلها قرابة 2410 كيلومترا على جنبات الخليج العربي والبحر الأحمر[1].

أما عن تضاريسها فهي تتنوع بحكم المساحة الشاسعة وموقعها في شبه الجزيرة العربية.. فهناك السهول الواسعة، والصحاري مترامية الأطراف، والجبال الشاهقة، والوديان العميقة، والهضاب، والأراضي الصخرية.. مما شكل تفاوتا في طبيعة العادات والتقاليد والسلوك بين الأهالي تبعا للتأثيرات البيئية المحيطة وظروفها..أما عن درجات الحرارة والحالات المناخية في تلك الأرجاء فهي تتفاوت أيضا تبعا للموقع والتضاريس[2].

وتنقسم المملكة العربية السعودية من حيث التنظيم الإداري إلى خمس مناطق رئيسية هي:

- المنطقة الوسطى (المركز الوطني وبه العاصمة مدينة الرياض).
- المنطقة الغربية (وتضم مدينة جدة ومدينتي المقدسات الإسلامية مكة المكرمة والمدينة المنورة).
- المنطقة الجنوبية / الجنوبية الغربية (المركزان الوطنيان لأبها وخميس مشيط).
- المنطقة الشرقية (ومن مدنها الرئيسية الدمام والخبر).

---

(1) محمد عبدالعزيز السماعيل، شيء عن التربية الوطنية، مكتبة الملك فهد الرياض 1418.

(2) وزارة الإعلام، هذه بلادنا، م.س.، ص50.

- المنطقة الشمالية (بما في ذلك حائل وتبوك والجوف)[1].

وقد قسمت تلك المناطق إداريا إلى إمارات تتبعها محافظات وقرى ومراكز، ويرأس كلا من تلك الإمارات رئيس يدعى (أمير المنطقة) أما هذه المناطق فهي:

أولا: المنطقة الوسطى وتشتمل على:

إمارة منطقة الرياض، وتقع في وسط نجد وتتبعها 25 محافظة وحاضرتها مدينة الرياض - عاصمة المملكة العربية السعودية، وتبلغ مساحتها أكثر من 1600كم^2[2] ويبلغ عدد سكانها نحو 2،776،096 نسمة[3]. أما مناخها فهو قاري جاف. ويعتبر (قصر الحكم) من أبرز الملامح التاريخية لهذه الحاضرة.. وهو يقع في قلب العاصمة، ويمثل مقر الأمارة، وتحتضن منطقة قصر الحكم بين جنباتها (قصر المصمك) التاريخي[4] والذي بدأت منه انطلاقة تأسيس المملكة العربية السعودية، كما تحتضن منطقة الرياض العديد من الشواهد التاريخية الهامة كقصر المربع، وقرية الدرعية التاريخية، وغيرها.

إمارة منطقة القصيم، وتقع وسط شمال المملكة تتبعها عشرة محافظات وحاضرتها مدينة بريدة.. وتبلغ مساحة هذه المنطقة 127,350 كم^2 ويصل عدد سكانها إلى المليون نسمة تقريبا. أما مناخها فهو بارد ممطر شتاء حار جاف صيفا. وقد سمي القصيم بهذا الإسم لأنه قصيمات رمل متقطع، والقصمة رملة تنبت

(1) فؤاد عبدالسلام الفارسي، الأصالة والمعاصرة المعادلة السعودية، الرياض 1996م ص24.

(2) فهد عبدالعزيز الكليب، الرياض، الطبعة الأولى الرياض 1993 ص 76.

(3) وزارة الشؤون البلدية والقروية، عرائس الصحراء، الرياض 2002 ص 254.

(4) الرياض، فهد عبدالعزيز، م.س.، ص 77.

الغضا. وفي القصيم أثار وشواهد تاريخية عدة كقصر-عنتر، وقصر-باهلة، وقصر-بن عقيل.. وغيره[1].

ثانيا: المنطقة الغربية وتشتمل على:

إمارة مكة المكرمة، وتقع في غرب المملكة العربية السعودية، وحاضرتها مكة المكرمة، وهي العاصمة الدينية للمسلمين إذا تضم بين جنباتها الكعبة المشرفة والمسجد الحرام، وتعد من كبريات المدن السعودية. ويبلغ عدد سكانها 697.965 نسمة[2]، وقد ورد في القرآن الكريم أسماء كثيرة لمكة[3]. أما عن مناخ مكة المكرمة فهو حار جاف صيفا، ومعتدل قليل الأمطار شتاء.

وتزخر منطقة مكة المكرمة بشواهد تاريخية عربية وإسلامية شهيرة ومتعددة[4]، وتتبعها عدة محافظات من أبرزها محافظة جدة، وهي الميناء التجاري الرئيس للمملكة العربية السعودية على البحر الأحمر، اضافة إلى محافظة الطائف. كمايصل عدد القرى التابعة لها حوالي 2702 قرية[5].

إمارة منطقة المدينة المنورة، وتقع في الشمال الغربي للمملكة العربية السعودية، وحاضرتها المدينة المنورة والتي تحتضن المسجد النبوي الشريف، وقبر الرسول محمد (صلى الله عليه وسلم)، وعدة مساجد تاريخية[6]. ويبلغ عدد سكان المدينة

---

(1) إبراهيم عبدالعزيز المعارك، الرياض والقصيم، الطبعة الأولى الرياض 1419 ص124، 140.

(2) وزارة الشؤون البلدية، عرائس الصحراء، م.س.، ص 256.

(3) ذكرت مكة في عدة سور قرآنية: بكة، في سورة آل عمران آية 96، والقرية، النحل أية 112، والبلد، البلد أية 2، والبلد الأمين، التين آية 3 والبلدة، النمل آية 91، ومعاد، القصص آية 85، وكذلك الوادي، سورة ابراهيم آية 37.

(4) إبراهيم أحمد كيفي، مكة المكرمة، الرئاسة العامة لرعاية الشباب الرياض 1988م ص 29، 32.

(5) وزارة الشؤون البلدية، عرائس الصحراء، م.س.، ص 151

(6) محمد صالح البليهشي، الممدينة المنوره، الرئاسة العامة لرعاية الشباب، الرياض (بلاتاريخ) أنظر ص 49،50،52،53.

295.608 نسمة[1] وتتبعها 384 قرية[2]، وتصل مساحتها إلى حوالي 50كم. وللمدينة المنورة خمسة وتسعون إسما[3]. ومناخ المدينة شديد الحرارة في الصيف، معتدل بالخريف، ولطيف بالشتاء[4].

ثالثا: المنطقة الجنوبية وتشتمل على:

إمارة منطقة عسير، وتقع جنوبي غرب المملكة، وتتبعها عشرات المحافظات والآف القرى[5] يسكنها حوالي 1,100,000 نسمة على مساحة تقرب من 400,000 كم2[6]، وحاضرتها مدينة أبها. وهي مدينة سياحية ذات مناخ معتدل بوجه عام طوال أيام السنة. وتحوي امارة عسير بين جنباتها العديد من المتنزهات السياحية الطبيعية[7]، بالإضافة إلى العديد من المواقع الأثرية والحضارية الهامة، كالمخمسة وشمسان وجرش والجهوة[8].

إمارة منطقة الباحة، وتقع في الجزء الجنوبي الغربي من المملكة، وتتبع هذه المنطقة 1236 قرية تقريبا[9]، وحاضرتها محافظة الباحة والتي تبلغ مساحتها 319 كم2 ، أما عدد سكان المنطقه فيصل إلى قرابة 300,000 نسمة[10].

---

(1) وزارة الشؤون البلدية، عرائس الصحراء، ص258.

(2) المرجع السابق ص 151.

(3) منها: يثرب، وطيبة، وطابه، وقبة الاسلام، وقلب الايمان، ودار الأبرار، وذات النخل، والبارة، والجابره، وغيرها، أنظر كتاب المدينة المنوره في التاريخ للسيد عبدالسلام حافظ، الطبعة الثانية، المدينة 1992ص23.

(4) وزارة الإعلام، هذه بلادنا، م.س.، ص 102.

(5) وزارة الشؤون البلدية، عرائس الصحراء، م.س.، ص151.

(6) وزارة الإعلام، هذه بلادنا، م.س.، ص 296.

(7) السابق ص 296.

(8) وكالة الآثار والمتاحف، مقدمة في آثار المملكة العربية السعودية، سبق ذكرة، ص 128، 132.

(9) وزارة الشؤون البلدية، عرائس الصحراء، م.س.، ص151.

(10) وزارة الإعلام، هذه بلادنا، م.س، ه ص303.

✳

وتتميز الباحة بمناخها المعتدل صيفا، نظرا لارتفاع موقعها، إضافة لبرودته في فصل الشتاء[1]. وقد عرفت الباحة سابقا بإسم بلاد غامد وزهران - وهما من الأزد القحطانية – اللتين سكنتا هذه المنطقة منذ ماقبل الإسلام إثر تصدع سد مأرب[2].

إمارة منطقة نجران، وتقع في الجزء الجنوبي الغربي من المملكة، على الحدود السعودية الجنوبية مع اليمن، وتبلغ مساحتها حوالي 13,500كم²[3] تغطي الصحراء جزءا كبيرا من هذه المساحة، وعدد سكانها قرابة 450.000 نسمة تقريبا[4]، أما مناخ المنطقة فهو قاري، قليل الأمطار. وحاضرة المنطقة مدينة نجران، وهي مدينة غنية بأطلال القصور والقلاع الأثرية، كقصر العان، وقلعة جبل السبت، وبئر حما[5].

ومن أبرز آثارها موقع الأخدود والذي ورد ذكره في القرآن الكريم[6].

إمارة منطقة جازان، وتقع في الجزء الجنوبي الغربي من المملكة أيضا، وتتبعها نحو 39 قرية، وتبلغ مساحتها 40,000 كم²[7] حاضرتها مدينة جازان أو (جيزان).

---

(1) السابق ص 304.

(2) أحمد صالح السياري، الباحة، دار العلم جدة (بدون تاريخ) ص22، 42.

(3) صالح محمد آل مريح، نجران، الطبعة الأولى الرياض 1410هـ ص 15.

(4) المرجع نفسه، ص 15.

(5) وكالة الآثار والمتاحف، مقدمة في آثار المملكة، م.س.، ص222، وكذلك صالح آل مريح، نجران ،م.س.، ص 26.

(6) القرآن الكريم، سورة الأخدود الآية 4-7.

(7) وزارة الإعلام، هذه بلادنا، م.س.، ص 322.

ومنطقة جازان ساحلية قليلة التضاريس.. تتبعها قرابة 100 جزيرة بحرية أكبرها وأهمها جزيرة فرسان في البحر الأحمر، أما مناخها فهو متفاوت تبعا للتضاريس، فمن سهولها إلى جبالها يتنامى الارتفاع الى 11000 قدم[1]، لذا تختلف درجات الحرارة فيها من 3 درجات إلى 25 درجة. وقد عرفت كممر للقوافل وبتاريخها الحافل بالاحداث منذ فترة ما قبل الإسلام.. وفي جازان معالم تاريخية عديدة كموقع عثر، وقلعة أبي عريش وغيرها[2].

رابعا: المنطقة الشرقية:

إمارة المنطقة الشرقية، وتطل على الخليج العربي، شرق المملكة. وحاضرتها الدمام يبلغ عدد سكان المنطقة قرابة 482,000 نسمة تقريبا[3]، وتتبعها 9 محافظات[4] و191 قرية[5]. وأرضها عبارة عن سهل ساحلي منخفض. ومناخها حار صيفا.. ومعتدل في بقية فصول السنة.

وتعتبر المنطقة الشرقية من المناطق ذات الخصوصية الاقتصادية إذ ظهر بها النفط في عام 1933م[6]. 1933م[6]. وقد كشفت المسوحات الأثرية التي أجريت في المنطقة، عن وجود أكثر من 300 موقع أثري بها، بها، يعود تاريخها الحضاري إلى العصر الحجري، وقد ازدهرت في العصر الإسلامي[7].

(1) المرجع السابق، ص 324.
(2) وكالة الآثار والمتاحف ،مقدمة في آثار المملكة، م.س.، ص210.
(3) وزارة الشؤون البلدية، عرائس الصحراء، م.س.، ص272.
(4) وهي الإحساء، حفر الباطن، الجبيل، القطيف، الخبر، الخفجي، رأس تنورة، بقيق.
(5) وزارة الشؤون البلدية، عرائس الصحراء، م.س.، ص 151.
(6) وزارة الإعلام ،هذه بلادنا، م.س.، ص172، 174.
(7) وكالة الآثار والمتاحف، مقدمة في آثار المملكة، م.س.، ص 94،96.

خامسا: المنطقة الشمالية وتشتمل على:

إمارة منطقة حائل: وتقـع في الجـزء الشـمالي الغربي مـن المملكـة في منطقـة جبـل شمـر، وتتبعهـا 19 محافظة وعدد 273 قريـة[1]، وتبلـغ مسـاحتها 118,332 كـم[2] وعـدد سكـانها يتجـاور 300.000 نسمة تقريبا[2]، وحاضرتها مدينة حائل[3] وتشتهر حائل باعتدال مناخها ووفرة ماءها. وتعد هـذه المنطقـة مـن المناطق ذات الخصوبة التاريخيـة[4]، إذ كانت على علاقة بالحضارات البابلية والآشورية، وبدولة المنـاذرة في الحيرة إضافة لحضارات بلاد الشام وتضم حائل بين جنباتها العديد من الشواهد الأثريـة والتاريخيـة مثـل بقايا منزل حاتم الطائي في قرية سميراء وغيرها[5].

إمارة منطقـة الجـوف: وتحتـل أجـزاء مـن الشـمال، والشـمال الغربي للمملكـة، وتبلـغ مسـاحتها 258,000 كم 2 تقريبا[6] وحاضرتها مدينة سكاكا. وتتبع هذه الإمارة 4 محافظات، وهي إلى جانـب سكـاكا، القريات، ودومة الجندل، وطبرجل، وتضم 32 مركزا عمرانيا وعدد سكانها 815.268 نسمة تقريبا[7].

وتمتد المنطقة على ارض مختلفة التضاريس كالهضاب والسهول والوديان والسباخ، والأراضي الزراعية الخصبة. أما مناخها فهو صحراوي قاري بصورة

(1) فهد العلي العريفي، حائل، الشئون الثقافية، رعاية الشباب، الطبعة الأولى، الرياض 1402هـ ص45،46.
(2) وزارة الإعلام ،هذه بلادنا، م.س.، ص251.
(3) تقع هذه المدينة على ضفة وادي الأديرع الغربية.. وقد سميت بذلك الاسم لأنها تحول بين سكان الجبلين عندما يسيل الوادي شتاء.
(4) وزارة الإعلام ،هذه بلادنا، م.س.، ص252.
(5) وكالة الأثار والمتاحف، مقدمة في آثار المملكة، م،س، ص 142.
(6) صالح حماد العنزي، الحياة الاجتماعية والاقتصادية في منطقة الجوف القرن 20 رسالة ماجستير، الجامعة الأردنية 2002م ص10.
(7) المرجع السابق، ص10.

عامـة. وفي منطقـة الجـوف[1] العديـد مـن الآثـار والشـواهد التاريخيـة العربيـة والإسـلامية الهامة..كمسجد عمر بدومة الجندل[2] وحصـن زعبـل في سـكاكا وقلعتـي الطـوير ومـارد إضـافة إلى قصر- الشعلان في قرية كاف بمحافظة القريات.

إمارة منطقة تبوك: وتقع في شمال المملكة، تتبعها 14 محافظة[3] وعدد 79 قرية[4]. وتبلغ مساحتها مساحتها 103,219كم[5] وحاضرتها مدينة تبوك، وتتمع المنطقة بمناخ معتدل، وتمتـد أرضـها عـبر تضـاريس مختلفة من سواحل وسهول وجبال وأودية[6].

وتعبق تبوك برائحة التاريخ والتراث، فهي منطقة غنية بآثارها الحضـارية التـي مازالـت ماثلـة رغـم تعاقب السنين عليها، كقلعة تبوك الأثرية أو قلعة أصحاب الأيكـة الـذين ورد ذكـرهم في القـرآن الكـريم، ومقابر شعيب في البدع، وبئر هداج وقصر الأبلق (السموأل)[7] في تيماء وغيرها.

إمارة الحدود الشمالية: وتقع في شمال المملكة على مساحة 120.744كم2 تقريبا ويبلغ عدد سكانها حوالي 180.000 نسمة تقريبا[8]، وحاضرتها مدينة

---

(1) الجوف -لغة- هو الباطن.. وكانت المنطقة تدعى (جوف السرحان).. و(جوف عمر) نسبة إلى أحد بطون قبيلة طي التي سـكنت شـمالي صـحراء النفود الكبير.. كما سميت (جوف وادي النفاخ) اشارة إلى كرم أهلها.

(2) وزارة الإعلام، هذه بلادنا، م.س.، ص287.

(3) المرجع السابق ص263.

(4) وزارة الشؤون البلدية ،عرائس الصحراء، م.س.، ص151.

(5) محمدبن على الهرفي، تبوك، الرئاسة العامة لرعاية الشباب، الرياض 1989م ص 15.

(6) وزارة الإعلام، هذه بلادنا، م.س.، 264.

(7) محمد علي الهرفي، م.س. ص 38، 40.

(8) صالح بن عبدالعزيز الخضيري، عرعر، وكالة شئون الشباب، الرياض 2000 ص 31، 63.

عرعر، وفي البداية لم يكن اسم المدينة (عرعر) بل كان اسمها مدينة بدنة[1]، وتتبع هـذه الإمـارة 3 محافظات وعدد 36 قرية[2] أما مناخها فهو قاري شديد الحـرارة صـيفا، وشـديد الـبرودة شـتاء، وتتفـاوت تضاريس هذه الإمارة مابين أودية وسهول وتلال لا تشكل ارتفاعا لافتا للنظر[3].

وقد تميزت المنطقة عبر العصور بأنها منطقة رعوية، وممر تجاري يربط بقية أرجاء الجزيرة العربيـة بمراكز الحضارات القديمة في الشام والعراق، وهي تحتوي على شواهد تاريخيـة هامـة لازالـت قائمـة مثـل: الرويثية، ودرب زبيدة، والشاحوف، وغيرها[4].

إن استعراضا سريعا لما سبق ذكره عن مناطق المملكة العربية السـعودية، يمكننـا مـن فهـم الصـورة الحضارية الشاملة التي نعمت بها تلك الأماكن. ففي التنوع الجغرافي مابين سهل وجبل وصـحراء وسـاحل، ومابين مناخ متفاوت الأهواء من بارد إلى حار ومن ممطر إلى قاحل. وإلى الحدود الجهوية من بحر وخليج ويمن وشام، تظهر رائحة التمازج الفكري، في التكوين البشري لكل منطقة. ومن خلال ما يقدم من معتقـد وسلوك للسكان المحليين، يتضح مدى تأثير التمازج الحضاري مع المحيط من جار ومن بيئة.

ومن هنا يتبين لنا سبب ذلك الاختلاف المفعم بالإبداع، فيما بين العادات والتقاليـد التـي تتميـز بهـا كل منطقة. فقد صنعت ثقافة البحر والصحراء أنماطا حرفية

---

(1) ترجع تسميتها بهذا الى وادي بدنه الذي يمر بالمدينة، وظلت بهذا الاسم فترة طويلة، ثم سميت بمدينة عرعر نسبة إلى وادي عرعـر الـذي يقطـع المدينة من الجنوب إلى الشمال وقد تم انشاءها في العام 1950 وكانت موقعا لضخ البترول على خطوط التابلاين، وسكنا لعمال المحطة.

(2) وزارة الشؤون البلدية، م.س.، ص 151.

(3) صالح بن عبد العزيز الخضيري، م.س.، ص31.

(4) وكالة الآثار والمتاحف، م.س.، ص180، 184.

ذات خصوصية. شكلت في مجملها وجها حضاريا مميزا للمجتمع العربي في المملكة العربية السعودية، في فترة من فترات نموه نحو الاستقرار، قبل مجيء النفط.

قرية الجنادرية والسوق الشعبي

تعد قرية الجنادرية من أولى قرى العالم الحديثة التي شيّدت لإقامة المهرجانات التاريخية الموسمية، وقد أستخدم في بنائها بنائيين محليين مهرة، وهي تضم بين جنباتها أكثر من ثلاثين معلما تراثيا بارزا، بنيت على الصورة الأصلية التي كانت عليها أبنية الماضي.

وقد استخدمت مواد البيئة الطبيعية من حجر وطين وجص وأخشاب في عملية البناء، وتعتبر هذه المعالم ليست مجرد شواهد صامتة، بل تملؤها الحياة من خلال استخدامها الفعلي من قبل منظمي المهرجان والرواد والمشاركين من كل المناطق السعودية في كل عام.

ففي تلك القرية يشاهد الزائر تنويعا بديعا من المباني والأزياء واللهجات والحرف والفنون والأهازيج والعطور، وكأنه في رحلة حقيقية نحو الماضي، أو شاهد عيان قد عاش تلك الحقب من الدهر الذي مضى.

الفصل الثاني
البعد الثقافي للجنادرية

(2)

الفصل الثاني

البعد الثقافي للجنادرية

أولا: النشاط الثقافي

يعتبر النشاط الثقافي من أهم وأبرز الأنشطة في مهرجان الجنادرية وذلك مـن كونـه نشـاطا إسـلاميا بالدرجة الأولى وعربيا من جهة أخرى، ففي خلال العام يتم رصد المؤشرات الثقافيـة عـلى الصـعيد المحـلي والعربي، ويتم وضع خطة المهرجان على ذلك الأساس من ناحية المواضيع. حيث يعتمد وضع البرنامج عـلى أسس عدة من أبرزها:

- أخذ آراء المهتمين والمثقفين بالمملكة العربية السعودية عن المواضيع المناسبة، وقد جرت العادة أن يوجه المهرجان الدعوة عبر وسائل الإعلام بهذا الخصوص.

- متابعة الأحداث العالمية والعربية ورصد مايجري على الساحة الثقافيـة ليـتم تقـديم مـاهو مفيـد ويجاري الوضع الثقافي العالمي.

- جمع المعلومات الثقافية من المصادر المتوفرة في الجامعات والمطبوعات وغيرها.

- محاولة الإستفادة من برامج المهرجانات العربية الأخرى.

- محاولة وضع قاعدة عامة للنشاط الثقافي تناقش جزئياته من خلال العروض المسرحية كما هو الحال للندوة الثقافية الكبرى[1].

وقد عملت إدارة المهرجان على توسيع قاعدة المشاركة الثقافية وذلك من خلال استضافتها لنخبة كبيرة من أعلام المفكرين والأدباء في العالم العربي[2]. حيث عمل المشاركون على إحياء أمسيات وندوات ثقافية متعدده، وساهموا مساهمة فاعلة في إحياء الحركة الثقافية خلال فترة إنعقاد المهرجان مما أثرى الواقع الثقافي في المملكة العربية السعودية، وجعل له إنعكاسات ايجابية على المستوى الفكرى في أوساط العامة والخاصة.

ولم تقتصر المشاركات الثقافية على ضيوف المهرجان فقط، بل تجاوزتها إلى مشاركات عالمية فاعلة قدمت كرسائل متلفزة أو مكتوبة وجهت إلى المهرجان، وعلى سبيل المثال، كانت مشاركة السيدة الأمريكية الأولى (هيلاري كلنتون) في عام 1996 التي أرسلت برسالة (تلفزيونية) إلى المهرجان جاء فيها:

"يسعدني جدا ان تتاح لي الفرصة لكي اوجه كلمة الى مهرجان الجنادرية الثقافي لهذا العام، ونساهم ولو بقسط صغير في حواركم الهام حول موضوع الإسلام والغرب، ولقد بدأ الأمريكيون في الولايات المتحدة الأمريكية في توسيع معرفتهم في الأصول الثرية للتاريخ الإسلامي وللثقافة الإسلامية وكذلك في تقدير اسهامات الأمة الإسلامية إلى ثقافتنا نحن. كما أنني شخصيا أصبحت متشوقة للإسلام في السنوات الأخيرة، وبعض الفضل يعود إلى ابنتي التي تلقت دورة دراسية عن تاريخ الإسلام في مدرستها الثانوية، ونتيجة للدروس التي تلقتها ابنتي

(1) دليل مهرجان الجنادرية 1409 ص38.

(2) عبد الله الجبالي، نشاطات 1410هـ اصدارات المهرجان الوطني للتراث والثقافة الرياض. 1410 ص50.

في هذا الموضوع فقد تمكنت من أن تقوم بدور قيّم كدليل ومرشد لي عندما قمنا معا بزيارة إلى جنوب آسيا في العام الماضي (1995)"[1].

ولعل رسالة السيدة كلنتون تلك، إشارة واضحة على مدى أهمية مايطرح من من قضايا ثقافية عبر انشطة مهرجان الجنادرية المتنوعة، وخاصة في الجانب الفكري، كما أنها تشير إلى مدى التفاعل العالمي مع ما يتم عرضه وتقديمه في ذلك المهرجان، إضافة إلى مدى البعد الذي وصلت إليه رسالته الحضارية.

وقد شهدت أنشطة المهرجان الثقافية حضورا بارزا للعديد من الشخصيات الفكرية والأدبية والسياسية العالمية والعربية، وكان لتلك الشخصيات مشاركتها الفاعلة فيما قدم من أمسيات وندوات ومناقشات تناولت العديد من القضايا الهامة وعلى كافة الصعد[2].

وعلى هذا يتبين لنا مدى الأهمية التي يتمتع بهاذلك المهرجان، الذي أضحى رسالة عربية اسلامية تخاطب العالم بأسره، وليس مهرجانا ترفيهيا إقليميا، وعليه يمكننا أن نستشف البعد الثقافي المميز الذي يحمله مهرجان الجنادرية في كل عام.

وقد تبنى المسؤولون في الحرس الوطني فكرة إنشاء وحدة لتوثيق التراث في المهرجان، وكانت هذه الوحده هي النواة الأولى لفكرة توثيق التراث، والموروث الشعبي في المملكة العربية السعودية، وتعنى برصد جميع أنشطة المهرجان الفكرية، والمادية، من حرف يدوية، وفنون شعبية وشعر شعبي، والقيام بدراسات علمية ميدانية عن كل حرفة من الحرف اليدوية، وكل فرقة من الفرق الفنية، وكل

---

(1) عبد الله سليمان الجبالي: نشاطات مهرجان الجنادرية الحادي عشر، اصدارات الحرس الوطني الرياض 1410 ص 176.
(2) وزارة الإعلام، الجنادرية عرس الوطن الزاهر، الرياض 1999، ص257، 258.

شاعر من الشعراء الشعبيين المشاركين، واستحداث ملفات وثائقية علمية لكل ذلك[1].

وتقوم اللجنة المشرفة عادة عند نهاية نشاطات المهرجان من كل عام بتوثيق فعالياته، وماقدم من خلاله في كتب واصدارات تحمل عناوين متنوعة، تصدرها ادارة الشؤون الثقافية في رئاسة الحرس الوطني وعبر مطابعها الخاصة، ليتجاوز المهرجان حدوده الموسمية إلى تواصل دائم مع جمهوره ومتابعيه في المملكة وفي كل قطر عربي، وقد تجاوزت الإصدارات حتى الآن أكثر من 187 عنوان[2] تم اعدادها وطبعها وتوزيعها.

ثانيا: دور الندوات و المحاضرات الدينية والسياسية والثقافية:

ان المتتبع لأنشطة المهرجان الثقافية، يلاحظ مدى التأثير الخلاق الذي أحدثته الندوات الكبرى والمحاضرات على الأوساط الثقافية في المملكة العربية السعودية والعالمين العربي والإسلامي. فجوهر معظم تلك الندوات والمحاضرات لم يكن يحمل فكرا اقليميا ضيقا، بل حمل هما اسلاميا وعربيا، إنعكس على جوهر النشاطات الثقافية والتاريخية والدينية.

وتأتي الندوة السنوية الكبرى، والتي حدد منظمو المهرجان محورها حول "الموروث الشعبي وعلاقته بالإبداع الفني والفكري بالعالم العربي"[3] والتي تستهل بها الأنشطة المنبرية، تجسيدا لطموحات الجنادرية ومنبرها الثقافي الذي نذر نفسه لإلقاء الضوء على الدرر الكامنة في الثقافة والتراث الإسلامي والعربي، الزاخر بكل مامن شأنه رفد الثقافة الإنسانية بالنافع والمفيد من فكر وعلم وثقافة وإبداع.

(1) وزارة الإعلام، الجنادرية عرس الوطن، المرجع السابق، ص 105.

(2) لمعرفة عناوين تلك الكتب، أنظر الملحق.

(3) وزارة الإعلام، الجنادرية عرس الوطن، م.س.، ص 46.

٭

ومن خلال نظرة تحليلية لوقائع الندوة الكبرى ومداولاتها، وأوراق العمل المقدمة، فإننا نطالع صورة وضاءة للبحث الجاد، والرؤى المتنورة للمثقفين العرب في تلمسهم لجماليات تراث آبائهم وأجدادهم، وطموحهم الدؤوب لربط مكنوناته بحاضر الأمة ومستقبل أجيالها ثقافة وفنا وابداعا[1].

٭ الشعر الشعبي:

ورد في الفصل السابق من هذا البحث استعراضا شاملا لأهم النقاط والأهداف التي يسعى مهرجان الجنادرية إلى تحقيقها.. حيث كان من ضمن تلك النقاط، إبراز رسالة الأدب الشعبي وأهدافها في مضمار الحياة، وذلك من خلال الندوات الأدبية والأمسيات الشعرية، وشعر النظم والمحاورة، وسيأتي لاحقا ذكر خصائص ذلك النوع من الأدب، وذكر لأسماء بعض الشعراء المبرزين في هذا الجانب.

والشعر العامي أو الشعبي أو النبطي، هو تلك القصائد الموزونة المقفاة المنظومة باللهجة العامية، أو الدارجة. والقصيدة الشعبية ملتصقة بالحياة اليومية وحوادث التاريخ وقيم المجتمع، بل تختار ماشاءت من الأغراض كي تبدع فيها. وعلى الرغم من التزام القصيدة النبطية بالوزن والقافية والعروض، فإن الشاعر الشعبي الموهوب يكون في أحيان كثيرة على غير دراية بعلم العروض والأوزان وبحور الشعر، معتمدا فقط على موهبته السيالة التي تمكنه من خوض تلك البحور، وفي أحيان أخرى كثيرة جدا يكون الشاعر من كبار المثقفين ومن خاصة الخاصة[2] وهو أمر مألوف ومتعارف عليه في أوساط الشعر الشعبي[3].

---

(1) المرجع السابق ص 73.
(2) خالد محمد السالم، الجنادرية ماض وحاضر، م.س.، ص142.
(3) مثل الأمير الشاعر: خالد الفيصل أمير منطقة عسير، والدكتور الشاعر: غازي القصيبي وغيرهم.

وقد عرف العرب منذ أقدم عصورهم بحفظ تاريخهم، ووقائع أيامهم. وكانوا يتناقلون هذا التـاريخ، ويروون أخبار الوقائع خلفا عن سلف، ويضمنونها أشعارهم، وقديما قيل: الشعر سجل العرب.

ولم ينفك شعراء العرب عن الإهتمام برواية الشعر حتى بعد ظهور الإسلام، وتدوين التاريخ. وقل أن تجد يوما من أيام العرب - أو جانبا من جوانب حياتهم - إلا وفي ديوان أشعارهم مايرصده ويصف وقائعه وماجرى فيه، موثقا باسم المكان الذي وقع فيه. وعلى النهج الذي سار فيه الشـعراء الفصحاء منـذ القـدم سار الشعراء الشعبيون فنظموا شعرهم حافلا برصد الأحداث، ووصف الوقائع في وقتها.

ولم يقف شعراء العرب عند حد التاريخ، بل إن شعرهم قد تناول الكثير من العادات والنظم القبلية، وتحركات القبائل في حلها وترحالها، وظهور القيادات المحلية[1]. علاوة على ان الشعر قـد أضـحى بعمومـه مصدرا من مصادر تاريخ الجزيرة العربية ومجتمعاتها المتعددة، وهنـاك العديـد مـن الأحـداث التاريخيـة القريبة والبعيدة التي لم تصلنا وقائعها إلا شعرا على السنة الرواة والشـعراء، مـما يؤكـد عـلى أهميـة هـذا النوع من الأدب، ويوضح دوره المميز في خدمة الثقافة العربية بوجه عام.

وإلى جانب ماتقدم – فإن الشعراء - قد أعطوا جغرافية المواضع ووصف الطبيعـة جانبـا كبـير ا مـن شعرهم، فحددوا البقاع ووصفوها: جبالا وأودية ورياضا ومياها، ووصفوا الأعشاب والأشجار، وأبـدعوا في وصف السحاب والمطر، وهبوب الرياح وغيرها من مظاهر الطبيعة. وماعبر عنه

---

(1) سعد عبد اللـه الجنيدل، أهمية الشعر النبطي، الجمعية السعودية للثقافة والفنون الرياض 1999 ص 24.

الشعر الفصيح عبر عنه الشعر الشعبي بكفاءة وكفاية، إذا فالأدب الشعبي مصدر تاريخي - كما أسلفت - حافل بالوقائع، وسجل جغرافي مليء بأسماء المواضع ووصفها[1].

والكلام عن الشعر الشعبي من حيث النشأة والبروز يحتاج إلى حديث طويل، يرجع فيه إلى مصادر شتى، بحثا عن التاريخ الحقيقي لبداية تحوله ونقطة انطلاقه. ويعتقد أن بداية الشعر جاءت مواكبة لظهور الأمية وشيوع العامية بين الأفراد والمجتمعات في حقبة مجهولة من حقب التاريخ، ومن بين هذه وتلك خرج الشعر الشعبي بلونه المميز وصورته المعروفة التي هو عليها الآن[2].

أما ما يتعلق بتقديم الشعر الشعبي كنشاط منظم في (الجنادرية) فقد بذلت لجنة الشعر الشعبي في المهرجان جهودا مكثفة في تنظيم أمسيات الشعر الشعبي وتقديم الأفضل منه سعيا إلى إبرازه كفن، وخدمة لعشاقه ومتابعيه، وراعت في سبيل ذلك مبدأ التنويع في شكل القصيدة والغرض الذي تؤديه والبيئة التي تمثلها أسلوبا وهدفا وخيالات إبداعية. فوجهت الدعوة إلى عدد من الشعراء المبدعين في كافة فنون الشعر من محاورة ونظم وغيره. وقد روعي في توجيه الدعوة لهم المكانة الشعرية والتوزيع الجغرافي لمناطق المملكة[3].

ولم يتوقف الأمر عند الشعراء المحليين فحسب، بل تجاوزهم إلى دعوة شعراء شعبيين من خارج المملكة وتقديمهم إلى جانب شعراء المملكة.

أما عن الفنون الشعرية التي قدمت ولازالت تقدم في أماسي قرية الجنادرية فهي متعددة ولعل من أبرزها على سبيل المثال لا الحصر:

---

(1) المرجع السابق ص 25.
(2) الجنادرية 1406هـ 1986 م دليل المهرجان الوطني للتراث والثقافة الرياض 1986 ص 89.
(3) عبد الله الجبالي، نشاطات المهرجان الوطني، الرياض 1995 ص6.

* شعر النظم:

يعتمد في أساسه على الموهبة والحدث في أكثر الأحيان، مع امعان الروية وإجالة التفكير عند الازماع على نظم القصيدة لتخرج للناس قوية في سبكها عميقة في تأثيرها.. وينظمها الشاعر عادة عند مروره بموقف مؤثر يهز كيانه ويحرك عواطفه، كفقد عزيز، أو فراق حبيب، وما إلى ذلك.. مما يقال في المدح والوصف وما شاكله من أغراض أخرى. وفي معظم الأحيان تكون قصائد الرثاء والحكمة من أقوى المؤثرات الشعرية التي تشد المستمع إلى الاصغاء، وتشجعه على الرواية.

وبحور شعر النظم عادة أقل من بحور شعر الرد - والذي سيأتي وصفه - لأن الشاعر أو الناظم لا يصوغ أبيات قصيدته إلا في اطار البحور المتفق على معرفتها لدى الأوساط الشعبية، فيجدد درجات إبداع القصيدة دون رغبة في تجديد بحورها[1]. ومن أمثلة هذا النوع من الشعر مانظمه الأمير الشاعر: محمد الأحمد السديري[2] رحمه الله.

لاخــاب ظنـك بـالرفيق المـوالي

مالـك مشـاريه عـلى نايـد النـاس

ياعـل قصرـ مـايجي لـه ظـلالي

ينهـد من عـالي مبانيـه للسـاس

وقد أقيمت على هامش مهرجان الجنادرية السنوي العشرات من أمسيات شعر النظم والتي لاقت استحسانا وحضورا جماهيريا مكثفا، شارك فيها العديد من

---

(1) المرجع السابق، ص90.

(2) من أبرز شعراء النبط السعوديين، صاحب أسلوب روائي وشعري مميز، له مؤلفات عدة، منها الدمعة الحمراء، ملحمة عكاظ، وغيرها، تولى إمارة عدة مناطق إدارية في المملكة.

✳

مبدعي فنون النظم من أبرز شعراء المملكة العربية السعودية وسيأتي ذكر بعض اسماءهم لاحقا.

⃰ شعر الرد:

يعتمد صاحبه على الموهبة، والثقة في النفس، والقدرة على الإرتجال، بعد مران طويل في ارتياد حلبات الشعر.

وتختلف مقاييس الارتجال لدى الشعراء بإختلاف الشعراء أنفسهم، فمنهم المتمكن الذي يمتاز بحضور البديهة، وجزالة الصياغة، عمق المعنى، والقدرة على السيطرة على الموقف.. ومنهم من هو دون ذلك لفظا ونظما وبديهة ومحتوى.

ويتمتع شعر الرد عن نظيره (النظم) بقاعدة جماهيرية كبيرة تمثلت بوضوح في الحشود الغفيرة التي حضرت مهرجان التراث الشعبي منذ بدء انطلاقته، وقد أقيمت ندوات عديدة حول شعر الرد نظمتها جامعة الملك سعود. ولا يعرف سبب حقيقي لتلك الشعبية المطردة لهذا النوع من الشعر، سوى أن الناس يميلون بطبعهم إلى التسلية التي لا يخلو منها عادة شعر الرد. اضافة إلى وجود عنصرـ التنافس بين الشاعرين الخصمين، وهذا أيضا يشد الجمهور للمتابعه لمعرفة من يفوز بقصب السبق في نهاية الجولة.

وبحور شعر الرد كثيرة جدا تنبو عن الحصر [1] ساعد في تعدادها صوت الشاعر ذاته حينما يقف على الحان جديدة وأوزان مبتكرة فيصوغ على منوالها – مجدد - مبدأ ابياته، ومطلع محاورته، ويسير عليها بقية الشعراء فيما بعد.

---

(1) منها اللويحاني والمربوع المكسور، والقصير، والمعوسر، والمخومس، والمنكوس، والمربوط الخ.

ولشعر الرد ركنان أساسيان لابد من وجود كليهما إذ أنه يفقد بدونهما كامل حيويته وآدائه، وهما الشاعران المتقابلان. ويفوز بإعجاب الحضور ومتابعتهم من ملك موهبة شعرية قوية وايقاعا موسيقيا جذابا.. فكما أن للقريحة دورا في الحيوية فإن للحنجرة دورا في التأثير.

وهناك عوامل مساعدة لنجاح المحاورة منها الحالة النفسية للشاعر، ومدى ارتياحه لخصمه، ودرجات الحماس لدى المرددين لشعره من صفي اللعب - وهم مجموعة من الرجال المنشدين على صفين حول الشاعرين - بالإضافة إلى استعداد الحضور ومدى تقبلهم لعطائه الشعري[1]. ومن أمثلة شعر الرد الأنموذج التالي وهو محاورة مابين محمد بن جرشان ومستور العصيمي وهما من الشعراء البارزين في مثل هذا النوع من الشعر:

ابن جرشان(2):

سلام تسليم الوفا للي لهم سلم وسلام

من هاجس يبدا الطويل من الجبال بلا تعب

مادام مستور العصيمي قوّمه راشد وقام

طابت صفوف اللعب والليلة نبي صرف الذهب

مستور(3):

يامرحبابك يامسَلم عد ماناح الحمام

حنا عرب وانتم عرب وامشوا على سلم العرب

(1) عبد الله الجبالي، أنشطة المهرجان، سبق ذكره ص90.

(2) محمد بن جرشان البقمي. شاعر كبير له باع طويل في فن المحاورة مجيد في القوافي الصعبة. أنظر مبارك عمران السبيعي، فن المحاورة، مطابع سفير، الرياض 1994. ص 21.

(3) مستور العصيمي. شاعر من الطراز الأول في مجاله، له مساجلات شعرية كثيرة، المرجع السابق ص22.

وتشهد ساحات قرية الجنادرية في كل موسم لقاءات في شعر الرد، حامية الوطيس، يتبارز من خلالها فرسان شعر الرد، في مشهد تنافسي أخاذ له معناه ودلالاته.

* شعر الكسرة:

يعرف سكان مابين الحرمين – مكة المكرمة والمدينة المنورة – فنا عريقا، يعدونه من أرقى فنونهم الشعبية في الشعر والغناء، ويطلقون عليه (فن الكسرة). أما عن أصل معنى (كسرة) فليس هناك تعريف متفق عليه بين عشاقها، ولكن اصطلح الناس لهذا الفن هذا المسمى. والأصل في الكسرة ألا تزيد عن بيتين شعريين فقط [1].

ويقترب هذا الفن كثيرا من فن (التوقيع) في الأدب العربي، فهو تصوير موجز دقيق، لمعاناة يجسدها الشاعر في بيتين من الشعر، تجمع شتات الموضوع المطروح، أو الرأي في معالجته، ولن يتمكن من الإبداع في الكسرة من ليس لديه مقدرة فنية، وموهبة نادرة، لأن سر اكتمال الكسرة يكمن في جودة بنائها من حيث دقة التعبير، وانتقاء العبارة والكلمات التي تتكون منها، وأخيرا أسلوب الإثارة، كل ذلك له أثر بارز في تشكيل الكسرة، واعتراف النقاد بها، ومن ثم تداولها بين عشاق الكسرة ومن الكسرات التي تهتم بوصف شمائل المحب هذه الكسرة وهي لشاعر مجهول:

لك خد، لك قد، لك ترتيب

لك رمش ليا أسهيت به حكمة

ياللي روايحك مسك وطيب

(1) عبدالرحيم الأحمدي، الكسرة في الشعر النبطي، جمعية الثقافة والفنون الرياض1999 ص 48.

لـــــك يــا الغضــــي عنــــدنا حشـــــمة[1].

والكسرة من أغاني القرى.. ولأنها تغنى بصوت مرتفع فإنها من أغاني الرجال تؤدى في الأماكن المرتفعة - في حالات لقاح النخل وفي حالات السفر على ظهور الجمال مثلا - ودون آلات موسيقية مصاحبه، وان غناها النساء فمناجاة ذاتية، ويندر أن يغنينها في الأفراح.. لوجود ألوان من الغناء خاصة بتلك الأفراح[2].

* شعر التفعيلة:

وهو من منظومة شعر النظم، إلا أنه لا يلتزم بالقوالب الشعرية المتعارف عليها من صدر وعجز في غالب أحواله، وانما يتجاوزها إلى أوزان وتفعيلات مبتكرة توائم الحالة النفسية للشاعر، وهو غنائي طربي، مشتق من التجربة العربية في شعر التفعيلة، وله رواده ومحبيه. ويعد هذا النوع من الشعر مرحلة متقدمة في كتابة الشعر الشعبي السعودي، ولا يتمكن منه إلا من مارس كتابة النص العمودي الشعبي، وتشبع بموسيقى اللغة والأوزان. وتعد الأغنية السعودية الحديثة ملمحا من ملامح شعر التفعيله، الذي تعددت مضامينه وأغراضه وغاياته. ومثال ذلك ماكتبه الأمير الشاعر بدر بن عبد المحسن[3] وهو من الرواد:

جمرة غضى..

أضمها بكفي.. اضمها حيل.

---

(1) تعد هذه الكسرة من الكسرات الشعبية الدارجة على الالسن والتي يحفظها الكثير من عشاق هذا اللون من الشعر، وهي تمثل الى جانب شبيهاتها زخما شعريا كبيرا يمثل فن الكسرة.

(2) عبد الرحيم الأحمدي، الكسرة، م.س.ص 49-51.

(3) من الشعراء السعوديين المميزين، وهو من الرواد المجددين في كتابة الشعر الشعبي، وفي الأغنية الخليجية على وجه الخصوص.

أبي الدفا.. لو تحترق كفي..

وأبي سفر لليل.

بردان انا تكفى، ابحترق بادفى

لعيونك التحنان.. وفي عيونك المنفى[1].

وقد كان لشعر التفعيلة وشعراءه وجودا وتأثيرا مميزا من خلال أماسي الجنادرية، وقد تجلى هذا الوجود فيما قدم من عروض (أوبريتات) غنائية إشتملت على شعر التفعيلة إلى جانب شعر الفصحى والنبطي، والتي أفتتحت بها معظم الفعاليات الفنية للمهرجان الوطني للثقافة والفنون.

العرض الغنائي (الأوبريت):

إن أهم مايتميز به مهرجان الجنادرية السنوي.. هو تلك الاحتفالية الفنية الضخمة التي تستهل بها عادة الأنشطة الثقافية والفنية المختلفة في كل عام والتي تحظى برعاية ملكية، وتواجد ثقافي وإعلامي مميز.. تلك الاحتفالية هي العرض الغنائي أو مادرج على تسميته (بالأوبريت) والذي يتولى الحرس الوطني مهمة اختياره والاعداد له والإشراف على تنفيذه.

ويمثل الأوبريت بحد ذاته تظاهرة فنية وفلكلورية متفردة ذات مدلول ومغزى ديني وسياسي واجتماعي، تتظافر جهود الشعراء والملحنين والمطربين والفنانين من أجل إنجاحه وإظهاره كصورة حضارية ناطقة، ورسالة فنية واضحة المعالم والتفاصيل.

وقد قام المهرجان بدء من العام 1410هـ 1990 م بتقديم عدة أوبريتات فنية (رسمية) حملت في مضامينها فكر الإنسان المسلم العربي السعودي وتوجهاته وطموحه، مع ابراز جوانب من تاريخه وحضارته.. وجرت العادة أن يتم ترشيح

(1) مقطع من قصيدة جمرة غضى، وتعتبر من أشهر الأغنيات السعودية التي تغنى بها الفنان محمد عبده.

أو اختيار شاعر مميز في كل عام من أجل كتابة نص العرض الغنائي (الأوبريت)، وكذلك اختيار الملحن والمطربين والممثلين والفرق الشعبية لتقديمه وفقا لمعيار القدرة والكفاءة[1].

واللافت للنظر في هذا الأمر هو مواكبة فكرة الأوبريت في كل موسم لمجريات الأحداث على الصعيدين العربي والإسلامي، وتنوع أساليب الطرح والآداء واللغة الشعرية في كل مرّة يقدم فيها، مما أوجد ذاكرة فنية زاخرة، استطاعت أن تسجل لجيل الحاضر والمستقبل جزءا هاما من تاريخ هذه الأمة. فقد تناولت (الأوبريتات) التي تم تقديمها عدة قضايا هامه، تمس الوجدان العربي والإسلامي ومنها على سبيل المثال قضية فلسطين والصراع العربي الاسرائيلي، وقضية أزمة الخليج، والوحدة العربية.. والهجمة الاعلامية الضالة على الإسلام وغيرها[2].

وقد بدأ العمل الفني في حفل افتتاح المهرجان منذ الدورة الأولى عام 1405، 1984م عبر "المسيرة" التي تخللتها استعراضات فلكلورية أدتها فرق شعبية تمثل كافة مناطق المملكة[3]، إضافة للحفل المسائي الرئيسي الذي تخللته عروض وألعاب شعبية وفنية. وكانت هذه العروض من الموروث الفني السعودي في الدورات الأولى للمهرجان تمهيدا لعمل فني أكبر يستوعب كل تلك الأشكال الفنية المتعدده ويقدمها في رونق جميل يعكس تعددية الموروث السعودي وخصوصيته.

وفيما يلي نبذة تاريخية عن أبرز الأعمال الوطنية الغنائية التي قدمت من خلال مهرجان الجنادرية عبر دوراته المتعددة

---
(1) عبد الحفيظ الجازع الشمري، م.س.، ص 191.
(2) مثال ذلك أوبريت وقفة حق للأمير الشاعر بدر بن عبد المحسن، وقد كتب على اثر أزمة الخليج في بداية التسعينات.
(3) جريدة المدينة المنورة، العدد 6563 بتاريخ 1405/7/2 هـ

أول عمل فني إستعراضي "استعراض الفلكلور السعودي[1]"

-عنوانه "مملكتنا دام عزك"

الشاعر: حامد الحامد[2]

الملحن: فلكلور محلي مطوّر

المؤدي: راشد الماجد[3]

العام: 1408 هـ 1987[4]

وكان أول نشيد قد كتب خصيصا لمهرجان الجنادرية من كلمات سمو الأمير الشاعر / بدر بن عبدالمحسن[5] في العام 1409هـ 1988م، حمل عنوان (عز الوطن) وكان من الحان وآداء الفنان الراحل طلال مداح[6].

أما أول عمل استعراضي فني (أوبريت) يكتب ويعد للمهرجان، فقد قدم في العام 1410هـ 1989م في المهرجان السادس[7] وكان من كلمات الأمير الشاعر سعود بن عبد الله[8]، بعنوان (مولد أمة) وهو من من الحان الموسيقار محمد شفيق[9]

---

(1) هذا العمل لم يعد خصيصا للمهرجان، بل صادف أن كان العمل جاهزا لدى الملحن، ورأى المسؤولون في المهرجان تقديمه في حفل الإفتتاح.

(2) شاعر وملحن سعودي له اهتمامات بالأغنية بشكل عام ويقطن بالمنطقة الشرقية.

(3) من المطربين السعوديين الشباب، ولد ونشأ في البحرين وترعرع في المنطقة الشرقية ويعتبر من الأصوات الشابة الجميلة التي اثبتت وجودها عربيا.

(4) جابر علي القرني، عشق في ذاكرة الوطن، مطابع الحرس الوطني، الرياض، بلا تاريخ، ص 31.

(5) سبقت الاشارة إليه.

(6) طلال مداح الجابري (يرحمه الله) من مواليد مكة المكرمة، يعد من أشهر المطربين السعوديين والعرب، حصل على ميدالية الاستحقاق من الدرجة الثانية بأمر الملك فهد بن عبدالعزيز عام 1405 توفي في عام 2001.

(7) جابر علي القرني، م.س.، ص21.

(8) الأمير سعود بن عبد الله بن محمد، من مواليد الرياض، تغنى بكلماته العديد من المطربين السعوديين والعرب.

(9) محمد شفيق جهتاي، من أشهر الملحنين السعوديين، تلقى تعليمه الموسيقي في القاهرة، يعمل في وزارة الاعلام، قسم الموسيقى بإذاعة جدة، له مجموعة ضخمة من الأعمال الوطنية والعاطفية التي تغنى بها كبار النجوم.

وآداء طلال مداح ومحمد عبده. كما قدم إلى جانب هذا الأوبريت نشيدا بعنوان (اللـه البادي) وكان من كلمات الأمير الشاعر بدر بن عبد المحسن، والحان الموسيقار محمد شـفيق وآداء محمـد عبده وطلال مداح أيضا.

أما في المهرجان السابع 1412هـ 1991م فقد قدم (الأوبريت) الثاني ضمن سلسلة الأعمال الغنائية:

عنوان (الاوبريت): وقفة حق

الشاعر: الامير بدر بن عبدالمحسن

الملحن: الموسيقار محمد شفيق

الآداء: محمد عبده وطلال مداح

وقدم (الأوبريت) الثالث في المهرجان الثامن 1413هـ 1992م.

العنوان: أرض الرسالات

الشاعر: د. غازي القصيبي [1]

الملحن: محمد عبده

الأداء: طلال مداح ومحمد عبده.

أما في المهرجان التاسع1414هـ 1993م فقد قدم (الأوبريت) الرابـع وقد إختلـف عـن سـابقيه مـن حيث عدد المؤدين ، فقد زاد العدد من إثنين إلى خمسة مؤدين.

العنوان: التوحيد

---

(1) د. غازي القصيبي، من مواليد الاحساء، حصل على الدكتوراة من جامعة لندن، يعد من كبار شعراء الفصحى السعوديين والعرب، عمل في مراكز حكومية عدة خارج وداخل المملكة وهو الآن وزيرا للمياه، له عدة دواوين ومؤلفات.

الشاعر: الأمير خالد الفيصل[1]

الملحن: الفنان سراج عمر[2]

الأداء: طلال مداح، محمد عبده، عبدالمجيد عبد اللـه، عبد اللـه شاد، وراشد الماجد.

وفي المهرجان العاشر 1415هـ 1994م، قدم (الأبريت) الخامس:

العنوان: دولة ورجال

الشاعر: العميد خلف بن هذال[3]

الملحن: د. عبدالرب إدريس[4]

الأداء: طلال مداح، محمد عبده، سلامة العبد اللـه، عبدالمجيد عبد اللـه، راشد الماجد[5].

كما قدم (الأوبريت) السادس خلال المهرجان الحادي عشر 1416هـ1995.

العنوان: عرايس المملكة.

الشاعر: الأستاذ إبراهيم خفاجي[1].

---

(1) الأمير خالد الفيصل بن عبد العزيز، من أبرز شعراء النبط في الخليج، وله عدة دواوين، تغنى بكلماته أبرز فناني المملكة والعرب، تقلد عدة مناصب حكومية ويعمل حاليا أميرا لمنطقة عسير.

(2) سراج عمر العمودي، من كبار الملحنين السعوديين له أعمال وطنية وعاطفية عدة، رئيس القسم الموسيقي بجمعية الثقافة والفنون بجدة.

(3) خلف بن هذال الروقي العتيبي، من مواليد مدينة ساجر، يعمل ضابطا في الحرس الوطني السعودي. ويعد من أشهر شعراء المحاورة والقلطة الشعبيين في الخليج،، أقام عدة أمسيات شعرية كبرى، وقدم مجموعة كبرى من أشهر القصائد الوطنية، حيث يعد شاعر المناسبات وشاعر الحرس الوطني الأول.

(4) د. عبدالرب ادريس، فنان سعودي. حاصل على الدكتوارة في الموسيقى العربية من مصر، قدم مجموعة من أشهر الأغاني الخليجية بصوته، كماقدم مجموعة من أشهر الألحان التي تغنى بها كبار نجوم الخليج من المطربين.

(5) جابر علي القرني، دولة ورجال، المهرجان الوطني للتراث والثقافة، الرياض 1415 ص62.

الملحن: محمد عبده.

الأداء: طلال مداح، محمد عبده، عبدالمجيد عبد الله، راشد الماجد.

وفي المهرجان الثاني عشر 1417 هـ 1996م قدم (الأوبريت) السابع حيث وصل عدد المؤدين إلي سبعة فنانين:

العنوان: كفاح أجيال.

الشاعر: صالح الشادي [2].

الملحن: الموسيقار / محمد شفيق.

الأداء: طلال مداح، محمد عبده، عبادي الجوهر، على عبدالكريم، عبدالمجيد عبد الله، عبد الله رشاد، رابح صقر.

وفي المهرجان الثالث عشر 1418هـ 1997 قدم (الأوبريت) الثامن، وفي هذا العمل أدخل فن الدراما والتمثيل لأول مرة إلى جانب اللوحات الأخرى.

العنوان: كتاب مجد بلادنا

الشاعر: الأمير عبدالرحمن بن مساعد [3]

الملحن: محمد شفيق

الأداء: طلال مداح، محمد عبده، عبدالمجيد عبد الله، عبد الله رشاد.

---

(1) إبراهيم خفاجي، من مواليد مكة المكرمة، يعد من رواد شعر الأغنية السعودية وخاصة شعر التفعيلة، كتب مجموعة ضخمة من أجمل الأغاني السعودية الوطنية والعاطفية، ونال وسام الاستحقاق من الدرجة الثانية، ومن أبرز أعماله نشيد السلام الوطني السعودي.

(2) صالح بن محمد سبأ (الشادي) من مواليد القريات بوادي السرحان بمنطقة الجوف عام 1966، ماجستير فلسفة، عمل في حقل التعليم بوزارة المعارف، كما عمل في الصحافة، كتب عدة اوبريتات عربية ومحلية، تغنى بكلماته مجموعة من الفنانين العرب، له عدة دواوين وأمسيات شعرية.

(3) الأمير عبدالرحمن بن مساعد بن عبدالعزيز، من مواليد الرياض، شاعر ذو اسلوب وخط مميز، تغنى بكلماته كوكبة من أبرز النجوم العرب، أقام العديد من الأمسيات الشعرية الناجحة في الخليج والعالم العربي..

وفي المهرجان الرابع عشر 1419هـ 1998 قدم (الأوبريت) التاسع، وقد تضمن مشاركة ستة عشر ممثلا مسرحيا إلى جانب المغنين.

العنوان: ملحمة فارس التوحيد

الشاعر: الأمير بدر بن عبدالمحسن(1)

الملحن: محمد عبده

الأداء: طلال مداح، محمد عبده، عبادي الجوهر، عبدالمجيد عبد الله.

أما المهرجان الخامس عشر 1420هـ 1999م فقد شهد تقديم (الأوبريت) العاشر. كما شهد إجراء أول مسابقة في تاريخ المهرجان لإختيار النص الملائم للمناسبة. ولم يعد (الأوبريت) تكليفا لشاعر معين كما كان في المهرجانات السابقة، وقد تقدم لهذه المسابقه عددا كبيرا من الشعراء وتم اختيار النص الأنسب.

العنوان: أمجاد الموحد.

الشاعر: عبيد الدبيسي(2).

الملحن: صالح الشهري(3)

الأداء: الراحل طلال مداح، محمد عبده، عبادي الجوهر، عبدالمجيد عبد الله، رابح صقر، خالد عبدالرحمن، راشد الفارس.

وقد توالت بعد ذلك العروض الغنائية (الأوبريتات) تباعا مع كل دورة مهرجان.

---

(1) سبقت الإشارة إليه.

(2) عبيد الدبيسي الجهني، من مواليد المدينة المنورة، يعد من أبرز الشعراء الشباب المجيدين، وقد أختير نصه (أمجاد الموحد) من بين مجموعة من النصوص ليقدم كأوبريت للجنادرية، يعمل موظفا في أمانة المدينة المنورة.

(3) صالح الشهري، من أبرز الملحنين السعوديين، له مجموعة كبيرة من الأعمال الغنائية المميزة التي قام بتلحينها وهو ميال للأعمال التراثية، يعمل في وزارة الدفاع، في المنطقة الشرقية.

*

ثالثا: الفنون الشعبية

تتمتع المملكة العربية السعودي بتنويعات مختلفة من الفنون الشعبية، نظرا لإتساع مساحتها وتعدد مشاربها الثقافية الجهوية. وتعتبر الفنون الشعبية من أبرز الأنشطة التي تقدم في كل عام خلال فترة مهرجان الجنادرية، حيث تحضر الفرق الشعبية من كل المناطق السعودية للمشاركة بأداء عرضاتها ورقصاتها الشعبية على مسارح العرض المتعددة في قرية الجنادرية، حيث تلقى مثل هذه الأنشطة حضورا جماهيريا مكثفا وإقبال منقطع النظير من قبل الزوار.

وتحمل العديد من هذه الفنون دلالات نفسية وإجتماعية تشير إلى طباع وخصائص أهل تلك المنطقة، حيث تبرز آلية تقديم تلك الفنون قيَم أهل كل منطقة من شجاعة وكرم وعزة نفس ونجدة الخ. وفيما يلي إستعراضا لأبرز تلك الفنون الشعبية التي قدمت من خلال قرية الجنادرية:

العرضة السعودية:

وهي رقصة الحرب وقد عرفت منذ القدم في منطقة نجد ولذلك وصفت بها[1]، و(العرضة) مشتقة من العرض وهو استعراض الجيش قبل القتال لإبراز المهابة وبث الذعر في صفوف الجيش المقابل - وقد برع في هذه الرقصة أهالي نجد وخاصة أهل الدرعية[2] التى التصقت بهم وعرفوا بها - يؤدى هذا الفن العريق بشكل يبعث المهابة والفخر لمن يؤديه، حيث تؤدى بمصاحبة الألات الحربية المستعملة قديما، كالسيوف والبنادق والخناجر، ويتوسطها العلم (البيرق).

---

(1) محمد أحمد الشدي، التراث الشعبي، جمعية الثقافة والفنون، الرياض 1990ص 64.

(2) الدرعية: حاضرة الدولة السعودية الأولى والثانية، وهي من أعرق محافظات نجد وأغزرها تاريخا.. وتتبع حاليا لأمارة الرياض.

*

وتقف الصفوف متقابلة تنشد القصيدة وفي أيادى الراقصين بعض الآلات الحربية، ويقف في الوسط الشاعر أو الملقن ومجموعة من الرجال يقرعون الطبول، قسم منهم يؤدي مايسمى (التخمير) والقسم الآخر يؤدي مايسمى (بالتثليث) - وهي حركات فنية تؤدى خلال تقديم العرضة - وهناك صفان يطلق عليهما (السبحة) وتكون عادة في وسط الملعب[1].

والمتتبع لهذا اللون من الرقصات الشعبية يتلمس مدى تأثيره العميق في النفس من خلال نوع وصوت الإيقاعات المستخدمه، ويلحظ ملامح الشموخ والكبرياء والوطنية التي تعترى المشاركين في آداءه، وهو بلا شك لون يرمز إلى الشجاعة والإباء.

وتتطلب العرضة من هواتها مستلزمات شكلية كالملابس المزركشة والسيوف والطبول ذات الألوان المختلفة. أما الأبيات الشعرية التي تردد عادة في العرضة فغالبا ماتكون من القصائد الشعبية (النبطية) ذات المدلول والمناسبة[2] وكذلك الصوت (اللحن) فهو متعدد الألوان ومرتبط في بحر القصيدة. وفيما يلي نموذجا لشعر العرضة السعودية:

نطلبك يا للي فوقنا عز اليمام

عز اليمام وذل جمع المشركين

يا سيدي حنا على أمرك تمام

لى من بدا اللازم ترانا حاضرين

انتم هل العوجا الى اشتد الحزام

(1) محمد احمد الشدي، م.س.، ص 64.

(2) محمد عبد الله السلمان، عنيزة وكالة شؤون الشباب الرياض 1969 ص 173.

يـوم السبايا والفشـك جالـه رطـين

ليا سبل البيرق وطير الحرب قام

سـلت هـل العوجـا مضـاربهم تبـين

لياثار عـج الخيـل في يـوم الزحـام

صـبيان ديلـم في عقابـه مـن يمـين

العرضة الجنوبية:

ويقوم بها مجموعة رجال قد يصلون إلى الخمسمائة رجل يحملون السلاح مثل البنادق والسيوف
والخناجر والمحازم، ويأتي في مقدمة الصف أربعة أو خمسة أشخاص من كبار السن أو المشائخ ثم يمتد
الصف بشكل مزدوج (أي من شخصين) ويأتي الشاعر أمامهم وينشدهم قصيدة يرددون آخر بيت فيها، ثم
يأتي إلى منتصف الصفين المتجاورين وينشدهم قصيدة أيضا يرددون آخر بيت فيها، فيردد الأولون الشطر
الأول وإذا انتهوا يردد الأخرون الشطر الثاني وهم يتبعون حركات منتظمة يقوم بها راقص في الأمام يسمى
(المزيف) وهوشخص يقوم برقصات سريعة ومنتظمة بحيث يضبط الجميع على حركاته فكل واحد من
(العراضة) ينظر للمزيف ويقلده[1]. ومن أمثلة شعر العرضة الجنوبية:

طلبـت اللــه قبـل بـدع وردّ

فـإن علمـــه وارد لايـــرد

فإنـه العــالم بجهـــري وسري

ولنـا عـلى الحـق فعـل وقـول[2].

(1) عبد الله بن حسن الأسمري، بللسمر، مطبعة جامعة الملك سعود 1421 ص 100.
(2) من قصائد العرضة الشائعة، ولايتوفر مرجع يشير الى اسم الشاعر.

يلي ذلك هذا المقطع وهو بمثابة الرد:

حـــث نـــوٍ واقتفـــاه الـــبرَد

ســــــايله في كـــــــل وادٍ ورد

حـــث نـــوٍ واقتفـــاه الـــبرَد

ســــــايله في كـــــــل وادٍ ورد

مـــاتحكم فيـــه عقـــم وســـدى

في هبـــوب تنقـــل المـــاء نقـــول.

ففي مثل هذا المقطع تردد المجموعة الأولى الشطر الأخير من القصيدة الأولى وهو "ولنا عـلى الحـق فعل وقول" وتردد المجموعة الثانية الشطر الأخير من القصيدة الثانية وهو "في هبوب تنقل الماء نقول[1]".

السامري والحوطي:

وهما ضمن الفنون الشعبية التي تقام في ليالي السمر، وتكون في أيام السـلم فقـط وتعقـد غالبـا في الليل في الميادين الفسيحة خارج البيوت كما تعقد في النهار تحـت ظـلال الأشـجار. وهـما مثـل العرضـة في اقتصار الشعر فيهما على الشعر النبطي. وصفة السامري أن يجلس صفان متقابلان متراصـان جاثمـان عـلى الركب بطبولهم المزخرفة حيث تقرع الطبول مع ترديد أغان شعرية، وتكون المسافة بين الصـفين قصـيره لا تزيد على ثلاثة أمتار، وبينهما الملقن أو الشاعر الذي يعرف القصيدة

حيث يتناوب الصفان في تكرير شطر كـل بيـت يقولـه الملقـن. ويصـاحب ايقاعـات اللحـن حركـات المشاركين يمينا وشمالا وأماما وخلفا بتموجات بديعه

(1) عبد اللـه سالم موسى القحطاني، التراث الشعبي في عسير، مكتبة الملك فهد ،الرياض 1996 ص333.

ورائعه مع تشابك الأيدي والسواعد. ويوجد في الميدان بعض الراقصين الذين يتمايلون مـع ايقاعـات اللحن وأصوات المغنين. وقد اشتهر هذا اللون في كافة أنحاء المملكة العربية السعودية إلا أن مدينة عنيـزة كانت[1] الأشهر في آداءه. والحوطي يشبه السامري إلى حد بعيد لكنه يعتبر أطول منه في النغمـة وأبطأ في الإيقاع[2].

وفيما يلي أنموذجا من الشعر السامري:

لا تكـــاثر جيــــتي يـــانظر عينـــي

اللـــه الـــلي جـــابني لـــك ومشـاني

احســب اني مثـل مـا اغليـك تغلينـي

اللـــه الـــلي جـــابني لـــك ومشـاني

احسـب اني مثـل مـا اغليـك تغلينـي

مادريـــت انـــك عـــدو وقــومـاني

واثـر لـــك يـامتلف الـروح قلبـيني

قلـــب يبغضـــني وقلـــب يتمنـــاني[3]

رقصة المزمار:

وهي من أشهر الوان الفنون الشعبية في المنطقة الغربيـة للمملكـة العربيـة السعودية. ويقـوم بهـا مجموعة كبيرة من الشباب والشيوخ في الأعياد والمناسبات

---

(1) عنيزة، من كبريات المحافظات بمنطقة القصيم.
(2) محمد عبد الله السلمان،عنيزة، سبق ذكره ص 176.
(3) القصيدة للشاعر عبد الله العجيل، أنظر عبد الله عبدالعزيز الدويش، الفن والسامري، الطبعة الثانية، الدار الوطنية السعودية الرياض 1988، ص 128.

الوطنية، وهي فن حماسي يدل على الرجولة، ويمثل الراقصون مجموعتين يمثلون حلقة دائرية، ويستخدم (المرد) وهو طبل كبير في هذه الرقصة إضافة إلى (النقرزان) أو الطبل الصغير حيث يقرع عليه بمضارب من الخشب[1]، إلى جانب ثلاثة دفوف كبيرة تسمى المزاهير.

ويتم اشعال النار في وسط الدائرة في بداية الرقص حيث يدور حولها الراقصون اثنان اثنان فقط، ولايسمح بأن ينزل راقص إلى داخل الدائره دون أن يسمح له بالنزول وإلا تعرض للضرب من الذين في وسط الحلبه.

ويقوم الجميع بغناء موحد يطلق عليه اسم (الزومان)، ويقام فن المزمار عادة في كل المناسبات عدا مناسبات الأحزان[2]، والأشعار المرافقة لهذا الفن كثيرة ومتعددة، وهي تمتاز بقصرها وغموض معناها أحيانا ومنها:

سـيدي قـال لا ترجـع

ضرب العصـا مـايوجع

ومنها أيضا:

عجـوز غرتنـي

بـالنقش والحنـة

بنـت المعديـة

عفـة وحنيـة[3]

(1) محمد أحمد الشدي، التراث الشعبي، م.س.، ص 65.

(2) سعيد فالح الغامدي، التراث الشعبي في القرية والمدينة، الطبعة الأولى، جدة 1985، ص325.

(3) المرجع نفسه، ص 326.

فن المجرور:

وهو من الفنون الشعبية في المنطقة الغربية، ولاتدخل في موسيقاه إلا الطبول، ويقوم بممارسة هـذا الفن عدة أشخاص قد يصلون إلى المائة. ويقام هذا الفن في كافة المناسبات السعيدة، وينقسم اللاعبون في المجرور الى قسمين، كل قسم في صف يقابله صف آخر، ثم يبدأ احد الصفين بالغناء على قرع الطبول التي يحملها الراقصون والذين لايزيدون عن عشرة في كل صف. ثم يجيبه الصف الثاني غناءا مـن شـطر البيت الثاني الذي تم غناءه، وبعد ترديد عدة أبيات يخرج من كل صف بعض الراقصين الـذين يقومـون بحركـات راقصة متزامنة على صوت الطبول، وتسمى حركاتهم تلك (بالكسرة) [1].

وعادة مايرتدي الراقصون ثيابا بيضاء واسعة من أسفلها، تشكل دائرة جميلة خلال عمليـة الـدوران، اضافة إلى نو عية من عقل القصب المزركشة. وتمارس هذه الرقصة في الساحات الواسعة وتقـام في فـترات المساء، ومن شعر المجرور:

عجـــــوز غرتنـــــي

بـــالنقش والحنـــــة

بنـــــت المعديــــة

عفـــــة وحنيـــة [2]

إلهي سألتك لا تخيب رجايا..

على اللي يوده

ولاتحرم الصب المعنى كمايا..

من ازهار خده [3]

(1) سعيد فالح الغامدي، م.س.، ص 122.
(2) المرجع نفسه، ص 326.
(3) المرجع السابق، ص 123.

غناء البحارة:

كان للبحارة أغانيهم وفنونهم الخاصة التي ترافقهم في رحلات الصيد والغوص، ومنها ماكان يقال وهم يتأهبون للنزول الى البحر حيث يقول البحار مودعا أهله:

ودعتكم بالسلامة ياضوى عيني

بفراقكم ماغمض جفني على عيني

واعدتني بالوعد لما انحقت عيني

وظليت ياسيدي جسم بليا روح [1].

وعندما ترفع المرساة يردد البحارة مايسمى بالجريحة، وهي نوع من التواشيح اذ يقول البحار:

يالله بدينا يالله صباح مبارك

عزيت يامن له الملك الكريم تعلم بحالي

علمك في سود الليالي

ربي عليك اتكالي

اشكي لك عما جرى لي. .

مسكين أنا مسكين [2].

أما عندما يطوى الشراع، فإن البحارة يغنون مايسمى بالهولو ويقولون فيه:

هولو بين المنازل

---

(1) محمد أحمد الشدي، م.س.، ص 69.

(2) هذه الأهازيج الشعرية قديمة بحيث لايعرف اسم قائلها على وجه التحديد.

اي و اللـه أسمر سباني

هولو حلو الشمايل

أي و اللـه زين المعاني [1]

الحصاد:

كان للحصاد أغانيه وأهازيجه التي تردد قبل واثناء وبعد وقت الحصـاد، ومـن تلك الأهـازيج التـي كانت تقال عند البدء:

أول مانبدى نصلي

نصلي يانبي عليك.

وعند الانتهاء كان الحصادون يرددون:

والشغل هذا تمامه

تمه اللـه بالسلامة [2].

رابعا: الألعاب الشعبية

تعد الألعاب الشعبية مظهرا من مظاهر النشاط الإنسـاني، وقـد تعـددت هـذه الألعـاب في أنواعهـا وأشكالها وحملت في مجملها الصورة الأصدق لمظاهر الحياة الاعتيادية. وككل المجتمعـات الإنسـانية، كـان للمجتمع السعودي ألعابه الشعبية التي يهتم بها الصغار والأحـداث، وكـان يشـاركهم بهـا الكبـار احيانـا، فمنها ماكان يمارس للتسلية والترفيه، ومنها ماكان يمارس لهدف تربوي.

وكانت أدوات لعب الصبية تصنّع محليا بواسطة الحرفيين ومما توفره البيئـة مـن مـواد، كالأخشـاب والجلود والجص، وعادة ماكان الكبار يعلمون صغارهم

(1) محمد أحمد الشدي، م.س.، ص70.

(2) المرجع السابق، ص 71، 72.

طرائق اللعب وأساليبه، حيث كانت عادات اللعب تورث من جيل إلى جيل. وقد إختلفت تلك الألعاب في مسمياتها وأنواعها تبعا للمنطقة والجهة ووفقا لماهو متبع في كل ناحية. ويستطيع الزائر لمهرجان الجنادرية أن يشاهد عيانا نماذج عامة من تلك الألعاب التي تعرض بصورة حية من خلال مايقدم في المهرجان من برامج وأنشطة، ومن تلك الألعاب على سبيل المثال:

لعبة عظيم ساري:

وهي لعبة لا يشترط فيها عدد اللاعبين، وتمارس في المساء حيث العتمة، وتعد من أشهر الألعاب الشعبية وأكثرها ذيوعا.

تعتمد هذه اللعبة على قطعة من (العظم) حيث يقذف بها بعيدا عن أنظار اللاعبين وفي وسط ليلي، ثم تبدأ عملية البحث عن تلك القطعه، ويشترط على من يجدها أن يخفي ذلك الأمر عن بقية اللاعبين حتى يصل بها إلى مكان يتفق عليه سلفا يدعى (المحب) فإذا وصله قال بصوت مرتفع: (عظيم ساري). ويعتبر بذلك فائزا وهكذا. أما إذا كشف أمر اللاعب الذي وجد قطعة العظم قبل أن يصل إلى (المحب) فقد يتعرض إلى فقدانها من خلال الآخرين الذين سيحاولون الإستيلاء عليها بالقوة للظفر بها، وبالتالي الفوز بتلك الجولة، مما يعطي هذه اللعبة نوعا من الإثارة والتشويق[1].

لعبة دشاش:

سميت (دشّاش) بهذ الإسم لأن الأطفال يقولون لمن وصل إليه الدور في اللعب (دورك.. دش) بمعنى أدخل. حيث يدخل اللاعب قفزا وعلى رجل واحدة إلى رسم

(1) أمل الجندل، الألعاب الشعبية، المهرجان الوطني للتراث، اللجنة النسائية، الرياض 1996 ص5.

هندسي يمثل مربعات متتالية بشكل مستطيل وعلى أرضية غير صلبة. وفي يد اللاعب قطعة صغيرة من العظم أو الحجر يلقي بها في المربع الأول ثم يقفز من فوقها، فإذا إجتازها عاد إليها لتحريكها ركلا إلى مربع آخر ثم يقف من فوقه وهكذا إلى أن يتمكن من إخراج تلك القطعة من آخر مربع في المستطيل.

وتتخلل اللعبة فترة زمنية تسمى (مستراح) يأخذ فيها اللاعب قسطا من الراحة نتيجة مايلقاه من إعياء نظرا لصعوبة الإستمرار في القفز على رجل واحدة طوال زمن تأدية تلك اللعبة[1].

ويستفاد من هذه اللعبة إلى جانب الترفيه، كون اللاعب يتدرب من خلالها على عملية حفظ التوازن، والتأني، وضبط النفس.

لعبة السّيعبة:

وهي لعبة مثيرة تلعب في المساء وتحتاج إلى مجهود جسماني وقدرة على التحمل. وتتكون هذه اللعبة من فريقين متساويين بالعدد، يدخلان في دائرة كبيرة ترسم على الأرض، حيث يقوم أحد الفريقين بدور الطارد والأخر بدور المطرود، شريطة أن يتنقل أفراد الفريق الطارد داخل الدائرة قفزا على رجل واحدة، ومهمتهم محاولة ركل أو لمس الخصم من الفريق الآخر والذي يجري أفراده على قدمين، ومن يتم لمسه أو ركله يطرد إلى خارج الدائرة، وتستمر اللعبة دائبة إلى أن يتم طرد آخر فرد في الفريق الآخر، ثم تعاود الكرة من جديد وبالعكس. وعادة ماتبدأ هذه اللعبة بإجراء القرعة بين الفريقين لتحديد الطارد والمطرود، وغالبا ماتأخذ اللعبة وقتا طويلا من اللاعبين بسبب طبيعتها الشيقة الصعبة[2].

(1) ناصر عبد اللـه الحميضي، بلادنا السعودية، الطبعة الأولى، الرياض 1414هـ ص 205.
(2) محمد عبدالعزيز القويعي، تراث الأجداد، الجزء الثاني، الطبعة الأولى، الرياض 1984 ص 81.

لعبة ياسويس من ذا جداره:

وهذه اللعبة خاصة بالصبية الصغارذكورا وإناثا، وتتم اللعبة بأن يجتمع الصغار ويختاروا أحدهم ثم تعصب عينه بحيث لا يرى، ثم يقوم إثنان من أقرانه بمسك يديه والتحلق حوله بشكل دائري حتى يصيبه الدوار، ثم يقتادونه إلى أحد جدران البيوت القريبه ويسأل: (ياسويس[1] من ذا جداره ؟) فإذا عرف الحل فإنه يكسب، وإن لم يعرفه، يقتاده الأقران إلى جدار آخر ثم يعاد عليه السؤال مرة أخرى وهكذا. وتستمر هذه اللعبة إلى أن يعود كل من الصغار إلى داره أو إلى أن تستبدل بلعبة أخرى في جو تسوده روح المداعبة والمزاح والبراءة[2].

وكما أسلفت فإن الألعاب الشعبية الخاصة بالمجتمع السعودي المحلي كثيرة ومتعددة في معناها ومسماها فهناك (العاب الفصم)[3] ولعبة البجيس، واللقيما، والحامية، والطاقية، والكراسي، والجرس، والحجلة، والحجك، والأستغماية، والطيبان، وشق القنا، وغيرها مما يصعب حصره في هذا البحث.

وفي كل عام يقام على أرض الجنادرية عرض متكرر يمثل بعض النماذج من الألعاب الشعبية، حيث يؤديها مجموعة من الشباب بنفس أسلوب اللعب الذي كان يتبع في الماضي، وتحظى تلك العروض عادة بحضور جماهيري مميز.

---

(1) سويس، تصغير لكلمة ساس، وهو الحائط أو الجدار.

(2) أمل الجندل، مرجع سابق، ص5 .

(3) الفصم: نوى التمر.

خامسا: فنون الفروسية

جرت العادة أن تفتتح الإحتفالات العسكرية الرسمية والأعياد الوطنية وغيرها من المناسبات التي تعتز بها الدول بالعرض العسكري، وقد أسس الحرس الوطني في عام 1387هـ 1967[1] كتيبة خاصة لهذا الغرض، وأصبح لها عرضها الخاص من خلال مهرجان الجنادرية، ويشارك في هذا العرض نحو مائتي خيال يرتدون الملابس العسكرية التقليدية، ويتقدم أفراد العرض العسكري عادة قائد الكتيبة، ثم يليه ثلاثة أفراد وهم حملة العلم، ثم يسير خلفهم بقية أفراد الكتيبة المشاركين في العرض حسب ترتيب السرايا، ويتقدم كل سرية قائدها.

وتسير الخيول عادة في صفوف منتظمة متراصة على ايقاع الموسيقى الوطنية الحماسية، وعندما يصل قائد العرض أمام المنصة الملكية يؤدي التحية العسكرية للقائد الأعلى للقوات المسلحة، وتتابع خطوات العرض حتى تصل نقطة النهاية المحددة لها.

ومن الملائم هنا الإشارة إلى أن أرض الجنادرية تحتوي على أكبر وأحدث مضمار في الشرق الأوسط لسباقات الخيل وعروض الفروسية، وقد شيد وفق طرز معمارية عالمية فريدة، وأنشطته دائمة على مدار العام، وتشارك فيه عدة اسطبلات عريقة تتبع أفرادا وجماعات، كما يشارك في سباقاته مجموعة من أشهر الخيالين العرب والأجانب[2].

---

(1) خالد محمد السالم، م.س.، ص 185.
(2) المرجع نفسه، ص 186.

ويأتي إهتمام الحرس الوطني بالفروسية كأمر طبيعي نظرا لأهمية الخيل ودورها التاريخي في تشكيل فصولا من حضارة جزيرة العرب عامة والمجتمع السعودي بشكل خاص[1].

وللفرسان عروضهم الشيقة والجميلة والتي تقدم عادة ضمن أنشطة المهرجان وتتابع بشغف من قبل رواد وزوار الجنادرية، ومن أبرز تلك العروض:

1) الطعن بالرمح:

يتألف من ثمانية أفراد وأربعة أشواط، وتتجلى فيه دقة الفارس في إلتقاط الهدف من الأرض وهو على ظهر جواده، كذلك تظهر قوة تركيزه، وتتنوع الأهداف فمنها الأهداف المصحوبة بالأعلام، وكذلك الأهداف المشتعلة بالنيران[2].

2) التلويح:

ويقوم بتأدية هذا النوع من الرياضة ستة أفراد على الأقل بشكل إنفرادي، وتكون الخيل منطلقة بسرعة فائقة والخيالة على ظهورها، فينتقل الفارس من الجهة اليمنى إلى الجهة اليسرى للفرس أرضا وبكل براعة وسيطرة على الموقف. ومثل هذه الحركات الشجاعة تستعمل كنوع من التمويه للعدو واثناء الغارة، حيث لايستقر الفارس على ظهر جواده، ولا يتمكن العدو من تحديد موقعه والتمكن منه بسهولة[3].

3) القفز على الحواجز:

وهي رياضة دولية معروفة في جميع أنحاء العالم، وهناك مقاييس وارتفاعات خاصة بالحواجز، وكذلك تختلف أنواعها فمنها المفردة والمزدوجة، ومنها ماهو

---

(1) عبد الله سليمان الجبالي، نشاطات المهرجان الوطني الحادي عشر، الرياض 1998.   ص 62.
(2) بكتوت الرماح الخازندار الظاهري، علم الفروسية، الحرس الوطني، الرياض 1986.   ص 107.
(3) أنظر المرجع نفسه، ص 115.

على شكل سد. ويبدأ الفارس عادة بالقفز على الحواجز القليلة الإرتفاع إلى الأعلى ثم الأعلى، وسواء في المسابقات الدولية أو المحلية فإن النقاط تحسب للفارس لإعتبارين أولهما: المدة الزمنية التي استغرقها في القفز على الحواجز، وثانيهما: عدد الأخطاء التي ارتكبها أثناء القفز.

4) اختراق قوس النار:

وهو نوع من القفز على الحواجز التي تكون محاطة بقوس النار، وكدلالة على القوة التي يتحملها قلب الفارس بإقتحامه المخاطر على ظهر جواده، ويقوم الفرسان بهذه الحركات الرياضية الشجاعة لاثبات ذلك.

5) البولو (الصولجان):

وهي لعبة خاصة بالفرسان تعتمد على كرة خشبية صغيرة،   ويتكون أفرادها من ثمانية خيالة كل فريق عبارة عن أربعة خيالة يستخدمون مضارب خاصة لركل الكرة، وأشواطها خمسة، كل شوط مدته سبعة دقائق، ولكل فريق مرمى للتهديف. ويعتبر الفريق فائزا في حالة تسجيل أكبر عدد من الأهداف، وهناك حكم خاص باللعبة لمراقبة الأخطاء وتسجيل الأهداف [1].

كما قدم في المهرجان ولأول مرة (سباق التحمل) وهو سباق شاق ومضن ويصل طوله عادة إلى 60 كيلومترا. وذلك في دورته الثامنه في عام 1993م [2] .

(1) بكتوت الرماح، م.س.، ص 120.

(2) خالد محمد السالم، المرجع السابق، ص 186، 187، 188.

الفصل الثالث

(3)

الفصل الثالث

أولا: الحرف والصناعات اليدوية

لقد كان توارث المهنة عن الأب والجد تسلسلا من أبرز الأسباب التي دفعت غالبية الحرفيين إلى هذا الاتجاه، وقد عرفت أسماء العديد من العائلات في المجتمع السعودي سابقا بإسم المهنة التي كان يمارسها أفراد تلك العائلة، لذا فقد اشتهرت بعض العوائل بأسماء المهن، كعائلة الصائغ والحداد والنحاس وغيره[1].

وقد كان لاتساع رقعة المملكة العربية السعودية واختلاف لهجات ساكنيها الأثر في تباين مسميات المهن فيها. فعلى سبيل المثال نجد أن كلمة الحداد التى درج على استخدامها في منطقة ما، قد رادفتها كلمة الصانع في منطقة أخرى، إذ أنه كان لكل منطقة قاموسها الخاص الذي يكني الحرف والمهن تبعا لما هو متعارف عليه بين الأهالي والسكان.

إلى جانب ذلك اختلفت نوعية المهن والحرف من منطقة إلى أخرى، كما اختلف اسم المنتوج (كالمزوية الجوفية) مثلا - وهي رداء شتوى- والتي كانت لا تصنع إلا في منطقة الجوف نظرا لطبيعة تلك المنطقة المناخية[2] وكذلك شباك الصيد، التي لم تكن تصنع إلا في المناطق الساحلية، مما يشير إلى أن الطبيعة المناخية والجغرافية والبيئة كانت أحد أسباب ظهور الحرفة ومزاولتها.

---

(1) عبد الله سليمان الجبالي، حرف ومفردات من التراث، الحرس الوطني، الرياض 1990 ص 16.

(2) وزارة الإعلام، هذه بلادنا، م.س.، ص 277.

أما عن المواد الخام التي كان يستخدمها الحرفيون فكانت متعددة الأنواع والأشكال، وتكون إما مواداً مستوردة أو مما توفره البيئة المحلية. وعادةً ما كانت تتوزع الصناعات على المناطق تبعا لنوعية المواد الخام المتوفرة(1). فحيث نجد الحجر الرملي الذي يكثر في منطقة الجوف على سبيل المثال نجد صناعة (النجر الحجري) الذي تتميز به المنطقة ويعد من أجود وأشهر منتجاتها، وكذلك بالنسبة للمصنوعات الخوصية التي تميزت بها منطقة الإحساء (الشرقية) نظرا لوجود شجرالنخيل في تلك المنطقة وهكذا(2).

وقد كان للحرفيين أساليبهم وطرائقهم في معرفة جودة المواد الخام التي يستخدمونها في صناعاتهم، حيث أنهم كانوا يختبرون نوعية الحديد مثلا بتسخين قضيب الحديد ثم غمسه بالماء، فإذا انكسر حددوا نوعه ومدى جودته ومجالات استخدامه. وكذلك كانوا يفعلون في حالة اختبار نوعية (الخوص) المستخدم في صناعة (المحافر) والتي كان يجلب بها الرمل من قاع البئر، فقد توصلوا من خلال الممارسة إلى أن خوص ذكر النخيل أجود من خوص أنثاه(3)، وقد عملت تلك الخبرات على تأصيل مفهوم المهنة والحرفة في الوسط الشعبي بشكل عام، وفيما يلي إستعراض لأبرز المهن والحرف التي تم عرضها كنماذج من خلال أنشطة مهرجان الجنادرية المتعددة، والتي عرفها المجتمع السعودي سابقا وكان لها أثرها في أنشطته الإجتماعيه والإقتصاديه وبشكل مؤثر:

النجارة:

وهي مهنة تقليدية لاغنى لسائر السكان على اختلاف معائشهم عنها، وقد كانت من المهن الضرورية في المجتمع السعودي نظرا لأهمية المصنوعات الخشبية في

(1) عبد اللـه الجبالي، حرف ومفردات، م.س.، ص 22.
(2) عبد اللـه سليمان الجبالي، حرف ومفردات، م.س.،ص 104، 105.
(3) عباس محمد زيد العيسى، صناعة الخوصيات، الجزء الثاني، وكالة الاثار والمتاحف، الرياض 1998، ص14.

الحياة اليومية بالنسبة للجميع. وقد تفاوت أرباب هذه المهنة في الحذق وجودة الصناعة، وأختلفوا في تخصصاتهم، فمنهم المتخصصون في نجارة الأبواب والسقوف والصناديق وغيرها مما يحتاج إلى نقوش وزخرفة وفن، ومنهم من تخصص في نجارة الأواني الخشبية والصحاف وأدوات المطبخ ومستلزمات الزراع وهكذا[1].

وللنجارة أدواتها الخاصة التي كان يستخدمها الحرفي في صناعته، منها على سبيل المثال:

(القدوم) وهي أداة كانت تستخدم في نجارة الخشب ونزع القشور والألياف ومنها (المبرد) و(الفأرة) وهما أداتان لتنعيم أعمال الخشب، و(المنقار) وهو أداة حفر الخشب و(المخزاق) الخاص بعمل الثقوب، ومن أدوات النجارة أيضا (المطرقة) و(الغاص) وهو الأداة التي تسند إليها قطعة الخشب المراد تصنيعها، وكذلك (المنشار) وهو قاطع الخشب، وتختلف عادة أنواع المناشير وأشكالها عند النجارين وذلك حسب الإحتياج[2].

ويقوم النجارون بصناعة كل احتياجات مجتمعاتهم من الأدوات التي تشكل الأخشاب خامتها الرئيسية كالأبواب والشبابيك وأسقف المنازل، وأواني المطبخ كالمغارف والملاعق وأوعية حفظ الحبوب، إضافة إلى ألعاب الأطفال الخشبية واحتياجات الصنّاع والزراع وأصحاب المهن الأخرى[3].

(1) محمد عبدالعزيز القويعي، تراث الأجداد، الجزء الأول، الطبعة الثانية، الرياض 1995 ص260.

(2) عبد الله الجبالي، م.س.،ص 44 .

(3) أنظر الصورة في الصفحة التالية.

الحدادة:

تعد الحدادة من المهن التقليدية الضرورية للمجتمع البشري منذ أقدم العصور، ويعمل الحداد على صناعة كل ما يلزم للاستخدامات الضرورية من أدوات يدخل الحديد وغيره من المعادن في صناعتها، كما يعمل على صيانة وإصلاح تلك الأدوات[1].

وكانت صناعة هذه الحرفة في المجتمع السعودي قد قامت على المواد الخام المستوردة ،حيث كان الحداد يقوم بإستيراد قضبان الحديد وصفائح النحاس ليعمل على تقطيعها وتشكيلهاحسب الحاجة[2]. وكانت له أدواته الخاصة التي كان يستخدمها في إنجاز صناعته منها:

(الكير) وهو الموقد الذي كان يستعمل لصهر الحديد وتسخينه، إضافة إلى (السندان) وهو كتلة من الحديد الصلب يسند إليها الحداد ما يريد تطويعه أو طرقه أو تعديله، ومن أدواته أيضا: (المطارق) وفيها الصغير والكبير، ولكل مطرقة وظيفة خاصة، وكذلك (المبشرة) وهي قطعة نحاسية ذات مقبض كانت لإزالة الصدى عن أواني النحاس وأدوات القهوة. أما المواد الأولية التي كانت تقوم عليها حرفة الحداده، فكانت الفحم والرصاص والقصدير. وعادة ماكان الحداد يتقاضى أجرة عمله نقدا أو مقايضة[3].

وقد تعددت أنواع وأشكال الأدوات التي كان يقوم الحداد بتصنيعها، كالقدور المعدنية، والسيوف، والمحاميس التي تستخدم لحمس القهوة، والمخارز التي تستخدم

---

(1) دليل المهرجان الوطني 1406، م.س.، ص 142.

(2) محمد إبراهيم الميمان، من الحرف الشعبية، الجمعية السعودية للثقافة والفنون، الرياض 1994، ص 14.

(3) الجنادرية 1406، م.س.، ص 142.

لثقب الجلود أو الخياطه، والملاقط، وأحذية الخيل، وفخوخ الصيد، والسلاسل وغيرها[1].

صناعة الخوص:

انتشرت حرفة صناعة الخوص في المناطق الزراعية من البلاد السعودية، إعتمادا على ماكان ينتجه شجرالنخيل من سعف وليف وعذوق، فقد كان النخيل هو المادة الخام الرئيسية التي إعتمد عليها صانع الخوص في حرفته[2].

وقد كانت المصنوعات الخوصية في السابق ذات اهمية خاصة في الحياة اليومية، إذ كان لاغنى للجميع عنها، وكانت بمثابة المصنوعات البلاستيكية والزجاجية والخزفية التي نتداولها ونستخدمها في عصرنا الراهن، وكان الحرفي يعمل على تصنيع منتجات الخوص يدويا وبواسطة أدوات بسيطة (كالإبرة)، و(المسلة) التي كانت تستخدم لرصف الخوص وكذلك (المقص)[3].

وقد تنوعت المنتجات الخوصية في أشكالها واستخداماتها فكان منها:

الحصير، وهو نوع من البسط الصغيرة يستخدم كفرش للجلوس في البيوت والمساجد وكأسقف للمنازل.

الزنابيل، وكانت تستخدم لحمل القمح والتبضّع في الأسواق ولحفظ التمر.

المطبقيات، وتستخدم لحفظ الطعام والحبوب.

السلال، لحمل الأشياء خفيفة الوزن.

---

(1) عبد الله سليمان الجبالي، حرف ومفردات م.س.، ص 31.
(2) محمد الميمان، الحرف الشعبية م.س.، ص 10.
(3) عبد الله الجبالي، حرف ومفردات م.س. ص58.

المكبة، وهي الأقفاص الخاصة في حفظ الطيور والدواجن.

المهفات، الخاصة بالتهوية، وغيرها من المنتجات التي يشكل الخوص مادتها الرئيسية[1].

حرفة النسيج:

تعد حرفة النسيج من الحرف الهامة التي عرفها المجتمع السعودي، حيث مارسها الرجال والنساء على حد سواء، خاصة في البيئات الريفية أو المتحضرة، ولم تكن تخلو منطقة من المناطق من هذه الحرفة إذ كانت تشكل منتجات الصوف والوبر احتياجا هاما للأفراد والمجتمعات فمنها الملبس ومنها المسكن.

وقد عدت نساء البادية أكثر براعة في اتقان هذه الحرفة التي تعتمد على الخيوط المستخرجه من صوف الأغنام ومن وبر الإبل بواسطة (المغزل الخشبي) المخصص لهذا الغرض، وكن يلجأن إلى توشيح منسوجاتهن والتي تصنع بواسطة (النول) بخيوط مصنعه من مواد أخرى ذات أصباغ بديعة الألوان مستخرجة من مواد البيئة المتاحة من نبات وغيره[2]. ومنتجات الصوف كثيرة ومتعددة الأشكال والأغراض[3] ومنها على سبيل المثال:

بيوت الشَعر، حيث كان الحرفي يصنع بيت الشعر بكامل أدواته ولوازمه من نسيج الصوف البسط، وهي منسوجات من صوف ذات خطوط وزخارف بديعة تتخذ كمفارش لمجالس الرجال والنساء.

---

(1) عباس محمد زيد العيسى، صناعة الخوصيات، م.س.،ص28، 45، 82.

(2) النول: عبارة عن جسر خشبي مربع الشكل تشد عليه خيوط الصوف التي يراد نسجها.

(3) محمد الميمان، الحرف الشعبية، م.س.، ص 16.

خِرج المطية، ويستخدم لحمل الأمتعة وهو ذو ألوان زاهية ونقوش جميلة يوضع علـى ظهـر المطيـة تتدلى منه سفائف من نفس النسيج والألوان[1].

المزودة، أكبر من الخرج وتوضع على ظهر المطية وتكون مـع المسـافر واحـدة أو اثنتـان وهـي ذات ألوان زهية لحمل الزاد والأمتعة.

العدل، وهو كيس منسوج من نوع الخرج والمزودة إلا أن (العدل) أكبر من الخرج ويستعمل أحيانا كفرش داخلي في بيوت الشعر.

المشف، وهو لحاف منسوج من الصوف يستعمل غطاء للشتاء.

الشمالة، وهي قطعة من الصوف لتغطية ثدي الناقة يثبت بها أعواد خشبية صغيرة لمنع (الحوار) من الرضاعة من ثدي أمه.

المشامة، قطعة من الصوف تغطي فم الجمل لمنعه من أن يعثر النوق أو صاحبه[2].

كما كان يدخل في تلك الحرفة حياكة الثياب ورفي البشوت وصناعة الفراء والمساند والفرش.

ويستطيع الزائر لموقع الجنادرية أن يشاهد المنتوجات الصوفية، وعملية تحويل الصوف إلى خيوط، وكيفية النسج (النطي) بواسطة (النول) والتي يقوم بها مجموعة من الحرفيين المهرة مباشرة، وذلـك مـن خلال العرض المستمر الذي يقدم في السوق الشعبي سنويا وطيلة فترة المهرجان، كما يستطيع الزائـر شراء احتياجاته من تلك المنتوجات فورا والاحتفاظ بها للإستخدام أو كتذكار أو كهدية.

(1) أنظر الصورة في الصفحة التالية.
(2) محمد الميمان: من مفردات التراث الشعبي، لجنة التراث والفنون الشعبية، الرياض 1988 ص 62، 63.

حرفة الفخار:

وهي حرفة شعبية قديمة تعتمد في صناعتها على مادة الطين، حيث كان الحرفي يعمل على تصنيع هذه المادة وتشكيلها إلى أوان متعددة الأشكال والأحجام، ويزخرفها ويجملها بواسطة يديه، ثم يقوم بحرق تلك الأواني لتجف وتكون صلبة وجاهزة للاستعمال والإستخدام.

وعادة ماكان يقوم الحرفي بتشكيل أوانيه قبل الحرق بواسطة دولاب يسمى دولاب الفخار، حيث يعمل على تحريكه بواسطة قدميه، بينما يستخدم مشطا خشبيا بيديه لزخرفة الطين إثناء عملية التشكيل. وقد إنتشرت هذه الصناعة سابقا في الاحساء والمدينة المنورة ومكة المكرمة[1]. وللفخاريات أنواع واستخدامات عدة، منها على سبيل المثال لا الحصر:

التور، وهي القدر الكبيرة ذات الفوهة الضيقة وتستخدم لطبخ اللحم.

الجعل، وهو إناء فخاري أصغر من التور يستخدم لترويب اللبن وتخمير العجين.

المصب، وهو إناء صغير ذو عنق جانبي ويستخدم لحفظ وسكب السوائل الغذائية.

القلة، وتستخدم لنقل الماء وحفظه وتبريده.

الزير، وهو من أرق الأواني الفخارية وأجودها ويستخدم كما هو معروف لحفظ الماء.

المجمر، وهو إناء يتخذ لحمل الجمر الذي يحرق عليه البخور.

_____

(1) محمد الميمان، الحرف الشعبية، م.س. ، ص 8.

القصعة، وهي إناء كان يستخدم لحفظ الزبدة[1].

حرفة الخرازة:

تعد جلود الإبل والظأن والماعز والبقر المادة الأساسية لهذه الحرفة والتي يمتهنها الحرفي الذي يدعى (الخراز)، وكانت الخرازة في الماضي حرفة أساسية في أوساط العامة من البادية والحاضرة ولا غنى للمجتمع عنها، إذ كانت منتجاتها سلعا مطلوبة بالنسبة للجميع لكونها ذات أهمية في الإستخدامات اليومية، اضافة الى كونها مجالا شريفا للإكتساب.

وعادة ماكان (الخراز) يعتمد في صناعته تلك على أدوات عدة لعل من أهمها: المخراز، والمقص، والمطبع لتلوين السيور الجلدية، إضافة إلى السكين[2]. وقبل أن يقوم الحرفي في صناعة منتوجه كان يعمل على إعداد الجلود ودباغتها وتنظيفها من وبرالصوف وماعلق عليها من عوالق، ثم تدهن هذه الجلود بمادة الشحم لتكون مطواعة لينة سهلة[3]. وقد كانت تلك الحرفة شائعة تقريبا في كل مناطق المملكة إلا أنها تراجعت حديثا نظرا لإقبال المستهلكين على المستورد من المصنوعات الجلدية الحديثة. ومن أهم تلك المصنوعات الجلدية:

الجراب: وهو كيس جلدي تحفظ به الأشياء الخاصة أثناء الترحال كالنقود والقهوة والهيل.

الدويرع: وهو من أدوات الزينة الخاصة بالذلول وهو يشغل من الجلد ويستخدم لحمل الأمتعة الخفيفة.

---

(1) محمد ربيع، مفردات الفن الشعبي في الباحة، مطابع الحرس الوطني، الرياض 1989، ص 19، ص22.

(2) محمد الميمان، الحرف الشعبيه، م.س.، ص 18.

(3) عبد الله الجبالي، حرف ومفردات، م.س.، ص47، ص77.

الغرب: وهو وعاء كبير من الجلد السميك المدبوغ على شكل مخروط يتراوح طوله بين المتر والمترين تقريبا وله فتحتان إحداهما فوهة الغرب والأخرى كم الغرب، ويستخدم هذا الوعاء لرفع المياه من الآبار[1].

حرفة الصياغة:

كانت حرفة الصياغة من الحرف الهامة التي عرفتها المملكة العربية السعودية وخاصة في مكة المكرمة ثم انتقلت إلى معظم مدن المملكة، حيث امتهنها البعض خاصة من أهالي الحاضرة والمدن، كما أشتهرت بعض العائلات بإسم هذه الحرفة منذ القدم اذ لازال البعض يكنى بفلان الصائغ نسبة إلى حرفة أجداده.

وقد حرص المشرفون على مهرجان الجنادرية على استقطاب بعض الحرفيين من الصاغة ليزاولوا مهنتهم على مرأى من رواد المهرجان، لكي يتاح لهم مشاهدة المعروضات الفضية والذهبية القديمة وكيفية تصنيعها مباشرة من قبل الحرفيين. اضافة إلى فتح المجال لشراء ماقد يعرض للبيع منها.

ويعمل الصائغ عادة على سبك معدني الذهب والفضة ثم يحولهما إلى أشكال هندسية تحلى بالأحجار الكريمة والجواهر، وكان يستخدم في هذه الصناعة عدة آلآت وأدوات منها: المطرقة والمناقش والملاقط وغيرها. أما منتوجاته فقد أستخدمت في الغالب كحلي للمرأة أو كزينة للسلاح.

وكانت تلك الحرفة في الماضي مصدر رزق للكثيرين حيث كان ما ينتجه الصائغ من مصاغ كافيا للمجتمع الذي يعيش به[2] ومن أبرز المصوغات التي كان يبدعها:

---

(1) محمد عبدالعزيز القويعي، تراث الأجداد، الجزء الثاني، الطبعة الأولى، الرياض 1984 ص 55.

(2) محمد الميمان، من مفردات التراث، م.س.، ص 20.

الهامة: وهي رقائق ذهبية مزخرفة تثبت في سلاسل وتدلى من الرأس لتزيينه.

الأهلة: ومفردها هلال وهي تصنع من الذهب المحلى بفصوص من الأحجار الكريم وقد سميت بذلك لأنها تشكل على هيئة هلال وعادة ما تكون زينة تتدلى على الجبين.

الزمام: من الحلي المستخدمه في تزين الأنف، وهو عبارة عن عود ذهبي له رأس على شكل نجمة بجانبه حبة لؤلؤ أو حجر كريم ويوضع في الجانب الأيمن من أنف المرأة.

القلادة: وهي حلي تزين بها النحور وتكون من الخرز والفضة أو الذهب.

الرشرش: وهو قلادة مركبة من عدة فروع تصنع من الذهب وكل فرع عبارة عن سلسلة ذهبية. تحمل كرات تعلق في الرقبة وتدلى على النحر[1].

ثانيا: العمارة والبناء

إختلفت الأنماط السكنية في المجتمع السعودي سابقا تبعا لإختلاف البيئة والتضاريس والمناخ والظروف الإجتماعية، فقد فرضت بيئة الصحراء القاسية على البدو حالة الترحال الدائم طلبا للكلأ والماء، لذا فقد آثر البدوي الإعتماد على المسكن المتنقل والذي تمثل في بيت الشعر لتسهل عملية فكه ونقله وتركيبه كلما دعت الحاجة إلى ذلك. اما القروي فقد آثر المسكن البسيط الذي يقيه حرارة الهجير وزمهرير الشتاء، وعادة ماكان ذلك المسكن يبنى من الطين أو من القش

(1) المرجع نفسه، ص51، 53.

(العشاش)[1] جمع (عشة) كما هو الحال في منطقة جيزان. أما سكان القرى والبلدات بشكل عـام فقد تفاوتت طرائق سكناهم من منطقة إلى أخرى مابين الدار الحجرية الكبيرة أوالبيت الطينـي الصغير، وذلك حسب إمكانات العائلة أو الشخص، وحسب المقام الإجتماعي. ويمكن لزائر (الجنادرية) أن يشاهد النماذج الطبيعية لتلك المساكن عيانا، والتي شيدت حديثا على نفس الطراز والنمط الـذي كانت عليه في الماضي وبنفس المواد الخام التي أستخدمت لبناءها.

وقد امتازت الحياة الاجتماعية السعودية في الماضي ببساطتها، حيث كان السكان أقرب إلى البساطة في كل جوانب حياتهم، إذ لم تكن الحياة قد أخذت شكلها الحالي والذي غلب عليه التعقيـد نسبيا نتيجة للنقلة الحضارية التي أحدثها ظهور النفط.

فقد كانت القرية بالنسبة للجميع هي البيت الكبير الـذي يجمع الشمل ويلـم الأسرة والعائلـة، وكانت عادة ما تحاط بالأسوار وتحصن بالأبراج، ويقع داخل حماها كل ما يحتاجه أهلها مـن ميـاه عذبـه ومزارع، مماكان يجعلها قادرة على الصمود أمام أي حصار خارجي ولفترة طويلة إذ أن احتياجـات السكـان من خارجها لم تكن تذكر [2].

مواد البناء:

لقد تنوعت وتعددت المواد التي إعتمد عليها السكان في الماضي في عملية تشييد دورهم ومسـاكنهم تبعا للبيئة والتضاريس والطقس، ويمكن أيجاز أهم أنواع تلك المواد كالتالي:

---

(1) العشاش: غرف صغيرة المساحة تعتمد في بناءها على مادة الجص وعلى حبال الحلفا، وتشتهر بها المناطق الحارة الرطبة كجنوب تهامة في المنطقة الجنوبية.

(2) ناصر عبد الله الحميضي، بلادنا السعودية، الطبعة الأولى، الرياض، 1994 ص 58.

الطين المخلوط أو المعجون بالماء.

الطين المخلوط ومعه التبن، وأحيانا روث الحيوان (صهار) ويليس به خارج البناء.

الطين المشوي ويسمى في بعض المناطق (الخلبة).

الحصى (الحجارة) بأنواعها والتي تجلب من الأودية ومجاري السيول أو من الجبال التي يتم اقتلاع صخورها وتكسيرها حسب الحاجة.

دقيق الحصى وفتاته ويسمى في بعض أماكن نجد (شضيف).

الجص، أو مايعرف حاليا بالجبس الأبيض.

النورة. أو مايعرف حاليا بمادة الشيد البيضاء التي تستخدم في الطلاء.

الأخشاب بأنواعها المتوفرة مثل خشب العرعر وجذوع النخل والدوم والسدر وإن كان السدر أضعفها وأقلها إستعمالا. وكذلك أغصان الأشجار الصغيرة.

جريد النخل، والخوص، والحبال، والليف، والقصب بأنواعه وماقوي منه فهو أفضل، كقصب اليراع مثلا.

الحديد، حيث الحاجة للصفائح والمسامير [1]، وكذلك للقضبان وللجسور.

وقد بدأت السعودية في استيراد وتصنيع مادة الاسمنت بدءا من فترة الخمسينيات من القرن الماضي بالتعاون مع بعض الشركات الأوروبية وخاصة

---

(1) ناصر عبد الله الحميضي، م.س.، ص96.

الألمانية، حيث بلغ انتاجها من تلك المادة حتى العام 1997 حوالي 28 مليون طن[1].

كيفية البناء:

رغم أن معظم المباني القديمة في المناطق السعودية قد بنيت من الطين والقش، إلا أن غالبيتها لا زال صامدا ومغالبا الزمن، بالرغم مرور عشرات السنين على إنشاءها إضافة إلى التقلبات المناخية عبر تلك السنين[2]، مما يدل على وجود حرفة متقنة كان يتمتع بها البناء السعودي. وقد كان البناء يتم قديما وفقا للطريقة التالية كأنموذج غالب:

يتم تحديد الأراضي المراد إقامة البناء عليها، حيث تحدد المساحة التي يقام عليها حسب قدرة صاحبه، والقياسات المستعملة آنذاك هي (الذراع)، والمتر يساوي ذراعين وخمس الـذراع، وتتراوح مسـاحة الأرض من 500 إلى 1000 ذراع فأكثر.

يقوم (الأستاذ) المقاول بتفصيل الأرض إلى حجرات ومنافع وما إلى ذلك، مستخدما عسيب نخل مقطول بمقاس 5 أذرع، وبعدها يحدد مساحة كل غرفة حسب المساحة ببودرة الجص حتى لا يكون هناك ميلان في أثناء الحفر[3].

يقوم المقاول بحفر الأساسات مع الإختلافات في العمق – حسب تركيبة الصخر – بحيث لايتعدى الحفر في الغالب ثلاثة أو أربعة أذرع، وعادة مايتوقف الحفر إذا وصل الحفار إلى قاعدة صلبة قوية.

(1) الملك فهد بن عبدالعزيز قائد مسيرة التنمية، وكالة الصحراء للدعاية، الرياض 1418 ص144.

(2) ناصر عبد الله الحميضي، بلادنا السعودية، م.س.، ص77.

(3) كان يطلق اسم الأستاذ على معلم البناء الماهر في المجتمع السعودي القديم، اما عن أصل التسمية فليس هنالك مرجعا أو سببا يوضح ذلك، وان كنت أعتقد أنها مأخوذة من معنى أستذة، وهي تحل محل كلمة المهندس حاليا.

يستغل أستاذ البناء والمقاول تراب الأساسات في عمل (اللبن)، وهنـاك مـن يقـوم بشـراء (اللبـن) مـن صناعه من خارج البلدة ممن يقومون بالتلبين من طينة نخيلهم ويحملونها على الإبل إلى محل البناء[1].

يبدأ (الأستاذ) في إعداد الأساس، وذلك بوضع لبنتين متقاربتين بجانب بعضهما حتى يرتفع الأساس عن سطح الأرض بمقدار ذراعين، ثم يبدأ البناء بلبنة واحدة حتى ينتهي، وعادة مايكون حجم اللبن أكبر في الأدوار السفلى ثم يصغر كلما إرتفع البناء إلى الأعلى.

وكانوا حينما يريدون البدء في البناء، يقومون بخلط طين البناء في الليل، وبعد طلوع الشـمس كـانوا يبدأون، حيث تعتبر هذه الخلطة مونة (اللبن).

إذا رفع الجدار بمقدار عشرة أو ثمانية أذرع، يحضر خشب الإثل، ثـم يبـدأ بصـف في صـف الخشـب على الجدران ويسمى ذلك تحنيك، والعمال الذين يساعدون الأستاذ في هذا العمل يسـمون (الموزيريـة)[2] وهم من البنائين والعتالين المأجورين أو من ذوي صاحب الدار أوجيرانه ممن يهبـون بالعـادة لتقـديم يـد العون كعادة المجتمع آنذاك.

وكان من الطبيعي أن تختلف طرائق البناء وأساليبه وفنونه من منطقـة إلى أخـرى، (وسـيأتي ذكرهـا لاحقا) وكذلك كان الاختلاف في مكونات البيت الشعبي القديم، فهي متشابهة في إسـتخداماتها، مختلفـة في مسمياتها حسب ماهو متعارف عليه عند أهل كـل منطقـة، وفيمـا يـلي إيـرادا لأبـرز المسـميات الشـائعة لمكونات الدارالسعودية بشكل عام:

(1) خالد محمد السالم، الجنادرية ماض وحاضر، م.س.،ص 34.

(2) خالد محمد السالم، الجنادرية ماضي وحاضر، م.س.، ص 34.

*

الخوخة:

وهي باب صغير في وسط باب الدار الخارجي، يسمح لأفراد العائلة بالدخول والخروج دون اللجوء إلى فتح باب الدار، والذي عادة ما يكون كبير الحجم.

الطرمة:

وهي بناء صغير مثلث الشكل تقريبا مصنوعا من الخشب ومغطى بمادة الطين، ويكون فوق الأبواب، كباب الدار وباب القهوة، يسمح لساكني الدار من رؤية الطارق أو الزائر دون أن يتمكن من رؤيتهم، عبر ثقوب موجودة في أرضية الطرمة أعدت لهذا الغرض.

الشرف:

وهي مربعات ومثلثات من طين مكسو بالجص، توضع في أعلى الجدران الخارجية للزينة، وتكون في الأركان والزوايا، وتسمى بالزرانيق ومفردها زرنوق.

الجصة:

وهي بناء صغير إرتفاعه مقارب لقامة الإنسان أو أطول قليلا، له باب صغير، وتستعمل الجصة لتخزين التمور، ولها مثعاب أو ميزان ليسيل منه الدبس الناتج عن تراكم التمرالرطب[1].

الحسو:

وهي بئر يحفر داخل المنزل، إسطواني الشكل لإمداد الأسرة بالماء، حيث يجلب الماء منه بواسطة الدلو، بإستخدام محالة صغيرة وحبل (الرشاء).

(1) خالد محمد السالم، م.س.، ص 35.

الوجار:

وهو موقد النار، وفيه يتم إشعال الحطب.

الكمار:

وهو جزء من أحد زوايا المجلس مزخرف بالجص، توضع به الدلال والأباريق الزائدة عن الإستعمال اليومي[1]. وهو مايشابه الدولاب (البوفيه) أو الخزانة ذات الأرفف في الوقت الحالي.

السماوة:

وهي فتحة لها غطاء متحرك مثبت في سقف مجلس الرجال، وتستخدم للتهوية عند إمتلاء الغرفة بالدخان الناتج عن حرق الحطب، وتفتح بواسطة حبل طويل، وتسمى أيضا كشافة.

الرواشن:

وهي غرف الدور العلوي، وتكون في طبيعتها وشكلها أفضل من الصفاف في الدور الأرضي، ويعتني بأبوابها، وتكون لها نوافذ، يقطنها رب الأسرة وزوجته، ويقطن الرواشن الأخرى الأبناء من الشباب الذين على وشك الزواج[2].

المحكمة:

وهو أرفع مكان في المجلس، ويجاور المكمار من الجهة اليمنى، ويكون له مسند مبني من الطين أو الحجر المكسو بالجص، ويجلس في المحكمة عادة كبار السن أو من لهم مكانة خاصة عند صاحب البيت.

---

(1) نفس المرجع ص36.

(2) مفردها روشن، وتطلق هذه التسمية في الحجاز على النوافذ الخشبية المزخرفة المطلة من واجهة البناء الرئيسة.

*

التنور:

وهو بناء من الطوب اللبن على شكل شبه اسطواني، يقام في أحد أركان الموقد (المطبخ) وإرتفاعه يصل إلى المتر تقريبا، ويقسمه من المنتصف لوح معدني وتحمّ النار أسفله، حيث توضع فوقه الأطعمه المراد صنعها كأقراص التنور. وهو من أهم أركان المنزل الر ئيسية التى لا غنى عنها[1].

الطرز المعمارية:

لقد حرصت اللجنة المشرفة على مهرجان الجنادرية، على إبراز الطرز المعمارية المميزة لمباني بعض المناطق التي تميزت بالأصالة والتفرد، حيث توزعت تلك الأبنية على مساحات مختلفة من أرض الجنادرية كشاهد حي على عراقة ذلك الماضي وعلى براعة أهله، فمن الشمال إلى الجنوب ومن الشرق إلى الغرب تفاوتت الأشكال والأحجام والإستخدامات لتلك الأبنية، وغالبيتها لازال صامدا متحديا الزمان ومقاوما لعوامل الطقس وتقلباته، ومن المفيد هنا التطرق لوصف بعض تلك النماذج من الأبنية ذات التاريخ ومنها على سبيل المثال لا الحصر:

قصر المصمك (المسمك):

وهو من معالم مدينة الرياض التاريخية، ويمثل دارا حصينة محكمة الإغلاق، ذا طابع حربي، محصن بجدران مرتفعة، شيد بالحجر والطين، وله أربعة أبراج كبيرة للحماية والمراقبة، وقد سمي (المسمك) بهذا الإسم لسماكة جدرانه الجانبية وأدواره، وقد صمم سكنا ومقرا للحكم، ويضم بين جنباته عدة قاعات صغيرة، ووحدات سكنية، ومجموعة من كبيرة من الحجرات تصل إلى 40 حجرة. إضافة إلى بئر للمياه وأمكنة لحفظ الأطعمة من تمر وبر، وقد سقف القصر بكميات كبيرة

(1) خالد محمد السالم، م.س.، ص 38.

من سعف النخل وشجر الإثل. وقد بني في العام 1282هـ وهو يمثل أنموذجا للطراز المعماري الحربي الذي انتشر في تلك الفترة من تاريخ الجزيرة العربية[1].

بيت الباحة:

كانت منطقة الباحة (جنوب غرب المملكة العربية السعودية) تعتمد في بناء منازلها على معطيات (البئر) فهي توظف كل خامات البئر في سبيل توفير المسكن، حيث أنها تقع على امتداد شريط فوق جبال السراة، وكان اقتصادها محليا، يعتمد على ماينتج في مزارعها أو مايقوم ابناؤها بصنعه[2].

والزائر للجنادرية يلاحظ أنموذجا حيا لأحد بيوت الباحة، التي كانت عادة ماتقام في الأماكن العالية وتلتف حول بعضها البعض وتستخدم كل خامات البيئة، وكانت عناصر البناء في تلك البيوت على النحو التالي:

في البدء كان يتم قطع الأشكال المطلوبة من الحجر من الجبال ذات الألوان المتنوعة، بواسطة الحجّارة الذين يجيدون هذا العمل، ثم يتم نقل تلك الحجارة عن طريق الجمال، حيث يبدأ عمل فريق العمال وهم (البناء) و(الملقف) و(الحمال) و(الملزِز). وفي نفس الوقت كان يقوم مجموعة من كبار السن بقطع الأخشاب ونقشها[3].

وبعد إقامة الجدران تأتي مرحلة وضع الطين على الأسقف، وفي العادة فإن البيت يتكون مما يلي:

---

(1) فهد عبدالعزيز الكليب، الرياض، م.س.، ص 77، 78.
(2) أحمد صالح السياري، الباحة، م.س.، ص76.
(3) خالد محمد السالم، م.س.، ص41.

الشقيق: وهومكان الإستقبال، تتبعه غرفة ركنية وهي الغرفة التي تنام بها سيدة البيت، ثم غرف خلفية لإيواء الحيوانات. وكانت تلك هي أهم غرف البيت فيما مضى وتمثل رأس المال الحقيقي لصاحب البيت.

الشقيق – أيضا- وكان يستعمل للجلوس كما كان يستعمل عند عدم الحاجة إليه كمستودع لحفظ المحاصيل الزراعية.

المذود: ويقع تحت الدرج من الخارج، وهو المكان الذي تتم فيه إعاشة الحيوانات والتي كانت تمثل جزءا هاما من رأس المال كالثيران والأبقار.

الشقيق – الخاصة بالدور الثاني – وهي عبارة عن صالة كبيرة، تستخدم لإستقبال الغرباء، يوجد خلفها أربعة غرف للنوم، وخامسة كمستودع لمونة المنزل.

الجون: وهو مايعرف (بالبلكون) أو (الخرجة) وهذا الجون هو المكان الذي كان يحلو فيه الجلوس في فترات العصر، حيث يلتقي أفراد الأسرة والأقارب فيه [1].

بيت المدينة المنورة:

نظرا للطبيعة الصخرية التي تميزت بها المدينة المنورة (شمال غرب المملكة العربية السعودية)، فإن مبانيها قد تميزت بأساساتها وجدرانها الصخرية، وكان جلب هذه الأحجار واقتطاعها من الجبال عملا شاقا يسبب الكثير من العناء للحجارين، وما ان بدأت طرق البناء الحديثة في الذيوع والإنتشار حتى هجر البناؤون طرق البناء القديمة، وقد قام أهالي المدينة بتشييد أنموذج لأحد مبانيهم المميزة في إحدى ساحات الجنادرية كشاهد تاريخي [2]، ولم يكن الأمر بتلك السهولة

(1) خالد محمد السالم، م.س.، ص 42.
(2) عبد الله سليمان الجبالي، نشاطات المهرجان الوطني الحادي عشر، م.س.، ص 122.

نظرا لما للصعوبات التي كانت تشكلها عملية الإعداد للبناء، أما عن مكونات بيت المدينة فهي كالتالي:

الدهليز: وهو عبارة عن ممر يصل بين البوابة الرئيسية وصحن البيت.

دكة الدهليز: وتقع في نهاية الممر، وهي عبارة عن جزء مرتفع عن أرضية الدهليز، يجلس عليها صاحب الدار وخاصة وقت القيلولة، وعادة ماكانت تفرش بمفرشة (سجادة) مصنوعة من الصوف الشيرازي، مضاف إليها بعض المخدات والمراكيء[1].

دكة الديوان: وهي عبارة عن دكة مرتفعة عن مستوى أرضية صحن البيت، تستخدم من قبل أهل الدار كمجلس للصيف، وموضع استقبال الضيوف من النساء.

القاعة: وهي أكبر مواضع الدار مساحة، وتحتوي على دكتين مرتفعتين عن مستوى أرضية القاعة، تقعان إلى اليمين واليسار، وفي سقفها يوجد (الجلا) وهي عبارة عن فتحة تطل على سطح الدار وتستخدم للتهوية والإضاءة، حيث أن معظم بيوت المدينة المنورة متلاصقة، ولا تسمح للسكان بإنشاء نوافذ جانبية عدا الواجهة الرئيسية للدار، وهنا تبرز أهمية الجانب الديني ومدى تأثيره على أسلوب الحياة وعلى الشكل والفن المعماري في حياة أهل المدينة المنورة.

بيت البئر: وهو المكان الذي يوجد فيه البئر، وكذلك مكان الإستحمام (المروش)[2].

---

(1) يقصد بالدكة المكان الثابت المرتفع عن الأرض والذي يخصص عادة للجلوس.

(2) المروش، كلمة شائعة في الحجاز والمنطقة الغربية، وتعني مكان الإستحمام. ويقول أحدهم: سأتروش بمعنى سأستحم.

بيت الدرج: ويحتوي على السلالم المؤدية للدور العلوي، وتحته توجد (الحنية) وخلفها (بيت الماء) أو بيت (الطهارة) وهو المرفق الصحي في الدار. كما يحتوي بيت الدرج على صهريج ماء لإستخدامات الوضوء والطهارة[1].

بيت جيزان (العشة):

تتميز منطقة جيزان (جنوب المملكة العربية السعودية) بطراز معماري فريد سواء في شكله أو في الخامات المستخدمة في بناءه، حيث يعتمد البناء على أخشاب الأشجار التي تملأ الفراغات بينها بالأعشاب، ثم تزم بحبال الليف على نحو هندسي مدهش، ثم تطلى من الداخل بالطين الذي يؤدي إلى التحكم في درجة الحرارة داخل البيت، حيث يحتفظ المسكن بالدفء في فصل الشتاء، وبالبرودة في فصل الصيف[2]. ويحيط به سورا يسمى (الزرب) وهو ساتر للبيت، ومانعا لدخول الحيوانات إليه. وعادة مايبنى (الزرب) من الأخشاب والقش.

وتزين العشة عادة من الداخل بنقوش هندسية جميلة، تستخدم فيها النباتات ذات الألوان الزاهية، كما تعلق على جوانب العشة من الداخل (الزنابيل)[3]، لكي تزيد العشة جمالا، وعلى الأرفف تصف الصحاف المعدنية، وعند هبوب الريح ترتطم تلك الصحاف ببعضها محدثة أنغاما موسيقية محببة تمكن سكان العشة من التمتع بنوم هاديء[4].

---

(1) خالد محمد السالم، الجنادرية، م.س.، ص 44.

(2) من المتعارف عليه أن الطين يشكل مادة عازلة للحرارة وللصوت أيضا، اضافة لوفرته وسهولة اعداده واستخدامه وهو ماجعله مادة ملائمة لبناء الدور السكنية في أغلب مواقع السكنى في العالم.

(3) الزنابيل مفردها زنبيل، وهي السلال الصغيرة المصنوعة من الحبال أو القش، وتستخدم للزينة أو لحفظ الأشياء.

(4) خالد محمد السالم، م.س. ص 45.

وفي أرض الجنادرية يستطيع الزاهر مشاهدة أنموذجا كاملا لذلك المسكن المميز، والذي بني بنفس الطريقة التقليدية التي كان يبنى بها سابقا، وباستخدام خامات البناء الأساسية، ليتمكن الجميع من التعرف على فن المعمار الجنوبي في منطقة جيزان دون أن يتجشموا عناء السفر والترحال إلى هناك، الأمر الذي يدعو إلى الغبطة، ويشير إلى مدى الاهتمام الذي توليه اللجان المشرفة في الجنادرية بجوانب التراث السعودي العريق.

ثالثا: الزراعة

الزراعة تراث حضاري أصيل في الجزيرة العربية يمثل نمطا من أنماط المعيشة في مختلف مناطق المملكة العربية السعودية، تمتد جذوره في أعماق الماضي ويزهوبه الحاضر، وإبرازا لهذا الجانب فقد عني مهرجان الجنادرية بإعداد مزرعة نموذجية قديمة توضح جميع الأنشطة التي كان يقوم بها الفلاح في ذلك الوقت، من طريقة الحرث والري واستخراج المياه والحصاد والدياسة واستخراج الحبوب، كل هذه الأعمال إن دلت فإنما تدل على مقدرة إنسان الجزيرة على التكيف مع البيئة، ومحاولته حل مشاكل الحياة القاسية بأدوات وطرق قديمة وبسيطة[1]، ويتمثل النشاط الزراعي في المملكة بعدة جوانب يكمل بعضها بعضا تبدأ من مرحلة حفر البئر وتنتهي في مراحل بيع المنتجات الخضرية في الأسواق.

البئر:

لقد اعتمدت الزراعة في الجزيرة العربية ومنذ القدم على مياه الآبار والعيون والأمطار الموسمية، وكانت الآبار هي المصادر الرئيسية في جميع المناطق تقريبا، حيث كانت تحفر بتظافر الجهود وبأذرعة الرجال، وتتوارثها الأجيال أبا عن جد.

---

(1) عبد الله سليمان الجبالي، المهرجان الوطني للتراث والثقافة، نشاطات 1410، مطابع الحرس الوطني، الرياض 1990 ص 211.

وكانت البئر إذا أخرجت الماء بعد حفرها تعرض لعملية تدعى (الطي) تستخدم فيها الحجارة المنحوتةخصيصا لهذا الغرض (الحصى المذيل) وتبنى بواسطة أهل الحرفة والدراية من البنائيين حول البئر من الداخل، تعقبها مرحلة مرحلة بناء الجدران العلوية حول البئر والتي تسمى (الزرانيق) لحمل أخشاب المحال، وتكون عادة من جذوع النخل أو خشب الإثل.

ومن الآبار مايعمل له درج على شكل نفق من أعلى مستوى البئر ويكون تحت سطح الأرض حتى ينفذ إلى مستوي الماء داخل البئر، ويستفاد منه في تنظيف البئر وصيانته. ومنها ما

شقت له قنوات خاصة لنقل الماء تحت الأرض وعلى مستوى ماء البئر إلى المزارع، كبعض آبار دومة الجندل مثلا، ومن الآبار ماتستخدم فيه الدلاء لرفع الماء إلى الأعلى، كآبار المنطقة الشرقية[1].

وعادة مايهتم المزارع بحوض تجميع المياه المستخرجة من البئر، والذي يعرف بإسم (اللزا) والذي يتوزع الماء منه إلى السواقي[2]، ويتم إعداد هذا الحوض بشكل جيد وبأسلوب بنائي دقيق لا يتقنه إلا المهرة من البنائين حفاظاعلى الماء الذي يمثل روح الحياة بالنسبة للأرض المزروعة وللمزارع على حد سواء.

السواني:

تعتبر السواني هي الوسيلة الوحيد لرفع المياه من البئر التقليدية بالنسبة للمزارع، وتتم عملية الرفع إعتمادا على الدواب من إبل وأبقار وحمير، ومن معدات السواني الرئسية:

---

(1) خالد بن جابر الغريب، منطقة الاحساء عبرالتاريخ، الدار الوطنية للنشر،الخبر 1986 ص338..

(2) عباس محمد زيد العيسى، الأدوات الزراعية، الجزء الرابع، وزارة المعارف، الرياض 1998 ص43 ،44.

المحالة: وهي دولاب خشبي ذو أسنان يثبت على (الرافعة) وهي الحوامل العليا فوق البئر.

المنحاة: وهي المجال المخصص لذهاب الحيوانات وإيابها اثناء إخراج الغرب من البئر.

الرشاء: حبل من الليل يربط أحد طرفيه في باب الغرب والأخرفي القتب على ظهر الدابة.

الغرب: آداة لحمل الماء وتصنع من الجلد أو المطاط.

اللزا: وهو الحوض الذي يصب فيه الماء بعد خروجه من البئر.

المعاويد: هي الإبل التي تستخدم لأستخراج الماء من البئر.

الزرانيق: وقد سبقت الإشارة إليها وهي مايبنى حول البئر من حجارة وطين.

الكمار: وهما فتحتان في الزرانيق لغرض مشاهدة البئر[1].

الدياسة:

وهي عملية دوس الحصادلإستخراج الحب من السنابل، وتختلف في طرقها بإختلاف المناطق والسكان. فبعد أن يحصد الزرع يدويا، كان يجمع في أكداس أو في أكوام كبيرة على أرض صلبة تسمى (القاع)[2] يتوسطها عمود من الخشب يتم تثبيته جيدا بالأرض، ثم تربط الحمير بعضها ببعض وتربط جميعها في الخشبة المثبتة بحيث يكون القوي من الحمير في الطرف، ويسمى (الطايف)، أما

(1) عبد اللـه عبد العزيز الضويحي، مرات، هذه بلادنا، رعاية الشباب، الرياض 1419 ص 111.
(2) القاع، كلمة شعبية دارجة تعني الأرض المنخفضة المستوية الصلبة، أو التي جفت بعد أن كانت مغمورة بالماء.

الضعيف منها فيوضع على مقربة من العمود، ويسمى (القعدة)[1]، وتبدأ الحمير بالدوران حول العمود بشكل دائري لتدوس الحصاد بحوافرها لتقطيعه وتفتيته ومن خلفها الرجال الذين يقومون بذري المحصول وترديد الأهازيج الشعبية تعبيرا عن فرحتهم بالحصاد ولإضفاء عنصر الراحة النفسية لإزالة التعب وبث روح الحماس فيما بينهم[2].

الحراثة:

وهي من المهام الضرورية للأرض الزراعية، ويتم من خلالها تقليب الطبقة العلوية من سطح الأرض لتكون سهلة بعد قساوتها، فيستطيع الزارع وضع بذور النباتات كما يرغب أو تسميد الأرض اثناء عملية الحرث. وهذه العملية ذات فائدة كبرى للأرض إذا تجعل التربة أكثر تعرضا للشمس، وتمكنها من امتصاص أكبر قدر من الماء، إضافة إلى تنقيتها من الشوائب[3].

وقد عرف المحراث في جميع المناطق السعودية، وله أسم يختلف من جهة إلى أخرى، فقد عرف في المنطقة الوسطى بالجارة، وفي الجنوبية بالجهاز، وفي الشمالية بالمسحاة، وفي الغربية بالسكة. ويعمل المزارعون على (المساحي) في حرث الأرض متعاونين فيما بينهم أو بإستخدام أجراء (الكلاليف)، تلى هذه العملية مرحلة تسوية الأرض بآلة تسمى (المسواة) أو (المدمسة) كما تسمى في بعض مناطق الجنوب، وتكون من الخشب، وعادة ماتشد هذه الآلة إلى ظهور الدواب من ثيران وغيرها للمساعدة في عملية تسوية الأرض[4].

---

(1) أنظر الصورة في الملحق.

(2) عبد الله سليمان الجبالي، المهرجان الوطني، نشاطات 1410هـ، م.س.،ص 212، 213.

(3) نفس المرجع، ص 215.

(4) عباس محمد العيسى، الأدوات الزراعية، م.س.، ص 28، 29.

الإنتاج الزراعي:

يمكن تقسيم الإنتاج الزراعي في المملكة العربية السعودية إلى قسمين رئيسيين هما (المحاصيل المستديمة) و(المحاصيل الفصلية).

(1) المحاصيل المستديمة:

وتعتبر أهم المحاصيل الزراعية، لطول عمرها، وضخامتها، وكثرة إنتاجها، ومردودها الإقتصادي المتميز، وأهمها النخيل وأشجار الفاكهة[1].

وقد أشتهر المجتمع السعودي عبر تاريخه بالإهتمام بالنخيل إذ أنه طعام الفقير وحلوى الغني وزاد المسافر والمغترب، وتمر النخيل على أنواع عدة من أشهرها تمر القصيم، والشرقية، والمدينة المنورة، ففي الشرقية مثلا خمسة وثلاثون صنفا، وفي المدينة مائة وثمانية أصناف[2]، وفي القصيم كذلك أنواع عدة، من أهمها على سبيل المثال:

الصقعي، نبوت السيف، الروثان، البرحي، الحلوة، الشقراء، الرشودية، السكرية، الجوزة، الكويرية، أم الخشب، العيدية، الخ[3].

ويستفاد من ثمر النخيل كغذاء، ومن أخشابها وأعسابها كوقود، وسقوف للمنازل القديمة، ومن أوراقها كسلال، ومراوح يدوية، ومكانس، وحصر، وغيرها.

وتختلف طرق تخزين التمور حسب أنواعها ورغبة الناس لها فمنها (العليق) و(أم الخشب) هو مايترك ليجف ثم يؤكل، وهناك مايكنز (الكنيز) في غرفة

---

(1) محمد بن مسفر الزهراني، بلاد زهران، جامعة الملك سعود، الرياض 1988 ص67.

(2) محمد صالح البليهشي، المدينة المنورة، م.س.، ص 110.

(3) حسن بن فهد الهويمل، بريدة، الرئاسة العامة لرعاية الشباب، الرياض 1402هـ ص 79.

(الجصة) - والتي أشرت لها سابقا - وهناك مايجفف في أوان خاصة بإضافة العسل إليه ويسمى (المغمي)[1].

والنخيل لا يزرع بواسطة النوى بل يغرس غرسا عن طريق الفسيلة والتي تظهر عادة بجانب الشجرة الأصلية متفرعة منها. ويحتاج النخيل إلى التلقيح من ذكر النخل (الفحال) لكي يعطي ثمارا جيدة، وعادة مايقوم المزارعون بهذه العملية خاصة في مراحل النخل الأولى[2].

ومن أشجار الفاكهة التي عرفها المجتمع الزراعي السعودي خاصة في منطقة الطائف[3]، والمدينة المنورة: العنب، وهو يحتاج إلى المياه بشكل مستمر، وأنواعه تكون متوسطة الجودة إذا مازرعت في غير تلك المناطق.

كما عرف الزراع الموالح وأهتموا بها كالإترنج والبرتقال والليمون، إلا أنها لم تكن تشكل لهم جدوى إقتصادية مقارنة بالنخيل، وذلك لعدم ملائمة المناخ الصحراوي لهذا النوع من الأشجار. هذا إلى جانب بعض أنواع الفواكه الأخرى: كالرمان، والتين، والخوخ، والتين الشوكي، وغيره[4].

(2) المحاصيل الفصلية:

وهي نباتات عشبية يتراوح عمرها بين سنة وثلاثة سنوات على الأكثر، منها محاصيل الحبوب التي تزرع في الخريف أو في نهاية الصيف كالقمح والشعير

---

(1) محمد عبدالعزيز القويعي، تراث الاجداد، الجزء الثاني، م.س.، ص 190.

(2) فهد بن إبراهيم العسكر، المجمعة، الرئاسة العامة لرعاية الشباب، الرياض 2000م ص125.

(3) يعد عنب الطائف من أشهر الأنواع المنتجة في الحجاز وقد أشتهر بجودته، اذ يقال عنب طايفي.

(4) فهد بن إبراهيم العسكر، المجمعه، م.س.، ص 126.

والذرة، ومايزرع في فصل الشتاء وبداية الربيع كالفول السوداني، وتزرع في المناطق الجنوبية عموما[1].

ومنها محاصيل الخضروات المتنوعة، والتي تحتاج إلى عناية خاصة سواء في زراعتها أو انتاجها أو تسويقها أو تخزينها. وتتراوح حياتها بين أقل من عام أو عامين، ومن أهم تلك المحاصيل: البطيخ، والشمام، والطماطم، والباذنجان، والخيار، والفلفل، والقرع، والكوسا، والباميه، والفاصولويا، والملوخية، والخس والبصل وغيره. وهي تنقسم إلى محاصيل شتوية وأخرى صيفية، وتزرع في مناطق عدة أهمها منطقة القصيم[2].

ومنها أيضا محاصيل الأعلاف، ومن أهمها (البرسيم) وعادة مايزرع في أحواض النخيل، وتبدأ زراعته في فصل الشتاء، ويحصد بعد خمسين يوما من زراعته، ثم يعاد حصاده بعد أربعين يوما في فصل الشتاء، وعشرين يوما في فصل الصيف، ويسمى البرسيم في بعض المناطق السعودية بـ (القت)، ومن محاصيل الأعلاف التي عني بها المزارعون (الذرة)[3].

رابعا: الطرق ووسائل النقل.

لم تكن حركة النقل بين مناطق المملكة في السابق بالأمر الهين، إذ كانت حرارة الصحراء الملتهبة وسلاسل الجبال المرتفعة تمثل عقبات مختلفة أمام قاصدي التنقل والترحال إما بغرض التجارة أو الحج والعمرة أو طلب العلم، وقد أوجد هذا الأمر نوعا من أنواع الإنغلاق النسبي لكثير من السكان خاصة في المناطق الجبلية الوعرة، فقد منعتهم تلك الظروف الطبيعية من الإنفتاح على ثقافة الآخرين، ولكنها

---

(1) محمد مسفر الزهراني، بلاد زهران، م.س.، ص 66 .

(2) محمد بن عبد الله السلمان، عنيزة، م.س.، ص 130.

(3) فهد بن ابراهيم العسكر، المجمعة، م.س.، ص128، 129 .

حافظت على إرثهم وتراثهم وخصوصيتهم من التلاشي أو الذوبان، والذي تتسبب به عادة حركة الإنفتاح السهل بين ثقافة وأخرى.

وقبل ظهور النفط، لم يكن أمام السعوديين سوى الدواب كوسيلة أساسية بل وحيدة للنقل والإنتقال، فليس هنالك من أنهار أو بحيرات تمكنهم من إستخدام وسائل تنقل أخرى كالسفن والمراكب مثلا بإستثناء أهل السواحل، بل أن البعض كان يضطر إلى قطع المهامه والقفار والجبال سيرا على الأقدام في حالة السفر إذا لم تسعفه ظروفه أو حالته المادية على الركوب.

وكانت الأبل هي الأشهر وهي سفن الصحراء بحق، فقد عملت وخلال عقود من الزمن على ربط أرجاء الجزيرة العربية بعضها ببعض وكذا ببلاد الشام والعراق، إما لأغراض التجارة، أو الهجرة، أو الحج، أو حتى في حالات الغزو والحروب. لذا لم يكن مستغربا هذا الإهتمام الكبير الذي لازال يوليه السعوديون تجاه الإبل وحتى هذه الساعة، ولعل ملامح هذا الإهتمام تتجلى ببرنامج سباق الهجن الذي تبناه مهرجان الجنادرية والذي عادة مايبدأ قبيل أي نشاط يمارس على أرض الجنادرية، حيث أن هناك مضمارا كبيرا أعد خصيصا لهذا الغرض تتنافس فيه أنواع من هجن الجزيرة العربية والسودان من حيل وزمول وجذعان وبكار وقعدان وثنوات وثنيان[1] وتعد بالعشرات. وعادة ماتخصص جوائز قيمة للهجن الفائزة في السباق الذي يحظى سنويا برعاية ملكية سامية.

ومن دواب النقل والإنتقال أيضا (الحمير والبغال)، والتي كان لها دورها التاريخي في تنمية الحركة الإقتصادية والإجتماعية خاصة في المناطق الجبلية من شبه جزيرة العرب، حيث صعوبة المسالك ووعورة الطرق، أو مابين القرى

(1) عبد الله علي العرجاني، سباق الهجن الثالث والعشرون، مطابع الحرس الوطني، الرياض 1997 ص12.

المتجاورة، أو داخل القرية الواحدة، إضافة إلى الخيل والتي كان لها شأنها ودورها أيضا عند أهل البادية والحاضرة على السواء.

أما الطرق والدروب، فقد كان لكل منطقة سواء أكانت صحراوية أم جبلية ممراتها ودروبها الخاصة التي يستخدمها السكان المحليين خلال عملية الإنتقال من مكان إلى آخر. وهي معروفة ومحفوظة عن ظهر قلب بالنسبة لمستخدميها، وعسرة وشاقة على غيرهم من القابعين وسط بلداتهم أو على الغرباء. هذا خلافا عن طرق القوافل التجارية الطويلة العامة ومحطاتها والتي كان يسلكها التجار بواسطة أدلاء من شركاء أو أجراء يصطحبون لهذا الغرض.

وعادة ماتكون طرق القوافل واضحة المعالم، إذ أن كثرة إرتيادها ذهابا وإيابا جعلها كالوسم في أديم الأرض، وكان من الطبيعي مشاهدة (جادات) الإبل والتي كانت تتشكل على الأرض نتيجة لوطأة الأخفاف.

وقد نشأت على طرق القوافل عدة محطات وأسواق تجارية[1]، في مختلف أنحاء الجزيرة العربية وهي كثر ويصعب تعدادها وتوصيفها هنا، ولكنني سأشير إلى إحداها كأنموذج، وهي الطرق التي كانت ترتادها قوافل (العقيلات)[2] والتي كان لها أثرها في انعاش أسواق شمال الجزيرة العربية وكانت تصل بلاد القصيم وحائل ببلاد الشام والعراق.

(1) مطر بن عايد العنزي، رفحاء، الرئاسة العامة لرعاية الشباب، الرياض، 2001، ص 155.

(2) العقيلات جمع عقيلي، وهي مجموعة من أفراد ينتمون إلى قبائل عربية أغلبها متحضرة ومتنقلة جمعتهم مصالح مشتركة وزاولوا مهنة التجارة بمختلف السلع، وعملوا على نقل الحجيج والبضائع والمسافرين، وتطلق العقيلات عموما على جماعة من أهل القصيم اتخذوا من الشام والعراق ومصر سكنا لهم بقصد التجارة مع بلادهم الأم (القصيم) خلال القرن الثالث عشر الهجري.

أما الطرق التي كان يسلكها العقيلات إثناء رحلاتهم تلك فقد كانت مقسمة حسب الفصول، فبسبب ما يتميز به فصل الصيف من الحرارة الشديدة واحتياج القوافل إلى الماء فإنهم كانوا يتتبعون موارد الماء في طريقهم حتى لوطالت عليهم المسافة، وعلى سبيل المثال فقد كان طريقهم الصيفي من حائل إلى النجف في العراق يمر بعدد من الأماكن بغرض التزود بالماء ورغبة في توسيع مجالات تجارتهم وتنويعها وكانت الرحلة كالتالي:

طريق حائل - الشعيبات - الخاصرة - خضراء - لينة - السلمان - النجف.

أما الطرق التي كانت تسلكها قوافلهم شتاء، فكانت اقصر مسافة، حيث كانوا ينطلقون مباشرة إلى البلدة التي يقصدونها دون البحث عن الأماكن التي يتوفر بها الماء لإستغنائهم عنه في فترة الشتاء، فلا يمرون إلا على الموارد التي تصادفهم في الطريق، وكانت الرحلة كالتالي:

طريق حائل - التيم - الحيانية - لوقة - العيون - النجف[(1)].

وقياسا على ماذكرت فإن لنا أن نتصور تعداد طرق القوافل وأوصافها إذا ما نظرنا إلى طرق الحج الدائمة مثلا والتي كانت تصب في مكة المكرمة مرورا بالمدينة المنورة، أو إلى طرق قوافل اليمن، أو قوافل عُمان التي كانت تمر عبر الجزيرة العربية إلى بلاد الشام ومصر والعراق، وكذلك إلطرق البدو الرحل التي كانوا يسلكونها في الحل والترحال مابين فصول الجفاف والخصب، إضافة إلى الطرق التجارية التي كانت تربط البلدات الداخلية بالموانيء الساحلية على ضفاف الخليج العربي والبحر الأحمر والمحيط العربي.

---

(1) مطر بن عايد العنزي، رفحاء، م.س، ص156.

وقد استمر وضع الطرق وأسلوب الإنتقال داخل مناطق مجتمع الجزيرة السابق على حاله حتى أنعم اللـه على أهلها بالنفط، لتظهر بعد ذلك الطرق البرية الوعرة التي تزامن ظهورها مع دخول المركبات الحديثة الأولى والتي إعتمدت على الوقود، ثم لتتطور تلك الطرق إلى طرق حديثة معبدة أدت إلى انتقال المجتمع السعودي برمته إلى مرحلة حضارية جديدة لازالت تحمل عبق ورائحة الماضي، والذي تتجلى صورته المشرقة كل عام من خلال مهرجان الجنادرية والذي يضم بدوره معرضا دائما لوزارة المواصلات السعودية[1] التي كانت أول من تولى مهام إنشاء شبكة عامة من الطرق لربط مناطق المملكة بعضها ببعض.

خامسا: التجارة والأسواق

إن المتتبع لحركة التجارة والأسواق في المجتمع السعودي عبر تاريخه السابق، يلاحظ مدى التفاوت الكبير في أنماط التعامل التجاري وأشكاله بين منطقة وأخرى، ويرجع السبب في ذلك إلى إتساع رقعة شبه الجزيرة العربية، وإلى إختلاف البيئات السكانية فيها، فهناك البيئة الساحلية التي تعامل أهلها في تجارة صيد البحر من سمك ومحار، وهناك البيئة الزراعية التي اعتمدت في تجارتها على بيع الحبوب والمحاصيل الزراعية، وهناك أيضا بيئة الصحراء والمراعي والتي تاجر أهلها بنواتج المشتقات الحيوانية من أصواف وألبان، كما أن هناك أيضا البيئة المستقرة والتي مارس قاطنوها كل أنواع التجارة بما في ذلك التجارة الخارجية والتي كانت توفرها القوافل التجارية المنظمة العابرة والمنطلقة[2].

ومن خلال مامضي يمكن لنا أن نستعرض لمحة من الأوضاع التجارية لبعض مناطق المملكة المترامية الأطراف وذلك لتسليط الضوء على أبرز خصائص

---

(1) عبد اللـه سليمان الجبالي، نشاطات المهرجان الوطني للتراث والثقافة السابع، الحرس الوطني، الرياض 1993 ص 344.

(2) مطر بن عايد العنزي، رفحاء، م.س.، 156.

التجارة في فترة ماقبل النفط: ففي الجنوب مثلا كانت التجارة الدارجة تقوم على ماتنتجه البيئة المحلية من حلي وملابس وعسل وأوان نحاسية وخضروات وفواكه، وكان بعض تجار الجنوب يستغل مواسم الحج في المتاجرة بالأغنام والأبقار مع بلاد الطائف ومكة المكرمة، ويعودون محملين بالسكر والشاي والأرز ومواد البناء وبعض أنواع الحلويات الحجازية[1].

أما التجارة الخارجية فكانت مرتبطة باليمن كونها الأقرب جغرافيا إلى تلك المنطقة، وكان التجار عادة من يستوردون منها البن والقشر والهيل إضافة إلى بعض أنواع الأقمشة التي كانت تصنع في اليمن أو تستورد من الخارج عبر التجار اليمنيين[2]. وقد كان التعامل التجاري في تلك المناطق يتم عن طريق المقايضة، أو عبر بعض العملات التي يؤتى بها من خلال التجارة الخارجية كالجنيه الفرنسي أو الريال الفرانسي (أبو بلسنة) أو (أبو طيرة) بالإضافة إلى الجنيه العثماني والجنيه الإنجليزي، وكانت العملات المعدنية في السابق تدعى عند السكان المحليين بإسم (الزلط)[3].

وقد أشتهرت تلك المناطق بعدة أسواق دائمة وأخرى موسمية أو دورية، كسوق الإثنين في السراة، وسوق خميس مطير في تهامة في منطقة بللسمر على سبيل المثال[4]. أو سوق (السبت) في بلجرشي وغامد والمندق، أو سوق الأحد في رغدان وبتهامة زهران، أو سوق الأربعاء في ربوع قريش وربوع الصفح في زهران والمخواة وغيرها[5]. علما بأن بعض تلك الأسواق لازال قائما إلى يومنا

(1) صالح عون الغامدي، الباحة، رعاية الشباب، الرياض 1988 ص 68.
(2) عبد الله حسن الأسمري، بللسمر، الإدارة العامة للنشاطات الثقافية، الرياض 2000 ص 83.
(3) المعروف انه لم تكن هناك عملة محلية خاصة من قبل، أنظر عبد الله حسن الأسمري، المرجع السابق، ص 85،.
(4) نفس المرجع ص 86.
(5) نفسه ص 84.

هذا، ولازالت تمارس فيه عملية البيع والشراء مع إختلاف طفيف في نوعية مايعرض من سلع نتيجة التطور العام الذي شهدته تلك المناطق في كل جوانب الحياة الإجتماعية وبخاصة الجانب الإقتصادي.

ولعل سبب اختيار الأهالي لأسماء أيام الأسبوع لتسمية أسواقهم بها، قد جاء لأسباب دعائية أو إعلانية، لكي يتمكن الباعة والمشترين من تهيئة أنفسهم إما لتحضير بضائعهم التي سيقايضونها بغيرها، أو للتفرغ في ذلك اليوم لإرتياد السوق أو للسفر إلى موقع انعقاده لإبتياع حاجة ما.

أما المكاييل التي كانت شائعة في المناطق الجنوبية ذلك الحين فكانت تسمى (بالمد) و(الربعة) و(الصاع) و(الربعة)، و(الحفنة)، وأما الأوزان فقد أستخدم (الكيلو) و(الأقة)، وفي المقايضة كانت تستخدم (الوثبة) وهي وعاء من الجلد يوضع فيه السمن وتعادل نحو كيلوين، مقابل مايقدم (بالمد) من قمح وغيره [1].

وعادة ماكان يعد لمثل تلك الأسواق نظام تجاري ومعاهدات كتبها أبناء قبائل المنطقة واتفقوا عليها، ويطبق الأحكام في تلك الأسواق عادة أحد المشائخ بمعاونة من يختاره من أبناء قبيلته الذين يعينوه على تنفيذها [2].

وأما في المنطقة الشمالية، حيث الأراضي المنبسطة والبلدات المتباعدة فقد كانت التجارة تأخذ شكلا آخر، حيث البادية والمرعى والحل والترحال، إذ أنه لم يكن هناك مفهوما ثابتا لمعنى السوق إلا في بعض المستقرات الحضرية كالقصيم وحائل والجوف وبعض القرى الصغيرة المتناثرة هنا وهناك والتي كانت تمر بها القوافل التجارية المتجهة من وإلى بلاد الشام والعراق، حيث لم تظهر الحواضر الحديثة كالقريات وطريف وعرعر إلا في فترات متأخرة وبعد ظهور النفط وبدء

(1) عبد الله سالم موسى القحطاني، التراث الشعبي في عسير، م.س.، ص 49.
(2) عبد الله حسن الأسمري ،م.س.، ص 83.

تصديره عبر خطوط (التابلاين) التي كانت تشق أراضي الشمال إلى المرافيء الشامية. وربما كان لحالة عدم الإستقرار التي تعيشها مجتمعات تلك النواحي الرعوية بشكل عام أثرها في تشكيل هذا الوضع الـذي كانت عليه الأسواق والحياة التجارية في تلك الفترة.

وقد كان اعتماد الأسواق الشمالية في تجارتها على المواد الأستهلاكية اليومية، وما ينتج محليا من تمور وحبوب وفواكه وخضروات بالأضافة إلى تجارة المواشي ومنتجاتها، وما تقدمه البيئة مـن الحطب والفقع (الكمأ)[1]، وعادة ماكان يتم التبادل التجاري مباشرة بين الأفراد كأن يـذهب صاحب السـلعة إلى السـوق لبيع سلعته لمن يحتاج إليها بقبض ثمنها أو بمقايضتها بسـلعة أخـرى، أو أن يـبيعها لأحد التجار والـذي يعرضها بدوره لمن يرغب بالشراء.

وكانت المتاجرة بين الحواضر وأهل البادية تتم بشكل دائم ومنظم، فكان البدو يمدون أهل الحاضرة بالمنسوجات والسمن (والإقط)[2] والمواشي مقابل الحصول عـلى التمـر والعبـاءات والبرانيس والجلـود المدبوغة والملح[3].

أما التجارة الخارجية فقد كانت تتمثل بالتبـادلات التجاريـة مـع بـلاد الشـام والعراق، فكـان أهـل الشمال يستوردون مايلزمهم من منتجات العراق كالأرز (التمن) بأنواعه المختلفة، وكذلك الحنطة والتوابل والبهارت والأقمشة النسائية والحبال والتمور المجففـة (الصـقعي) والعبـاءات والبشـوت والعقـل والـدلال البغدادية، وكذلك كانوا يستوردون من بلاد الشام احتياجاتهم من العدس والنجور النحاسية وأدوات صنع القهوة وملابس الرجال والتبغ والحلي والمجوهرات، وأما صادراتهم فكانت

(1) الفقع أو الكمأ، نبات صحراوي يشبه البطاطا غني بالروتين، ينبت تحت الأرض في فصل الشتاء، وكان يشكل غـذاء رئيسيا للكثيرين مـن سـكان الريف والقرى والصحارى.

(2) الإقط، أو المريس، أو الجميد، وهو نوع من اللبن المجفف، الذي كان يشكل غذاءا هاما يعتمد عليه.

(3) صالح حماد العنزي، الحياة الاجتماعية والاقتصادية في منطقة الجوف، م.س.، ص 171، 172.

المنتجات الحيوانية بعمومها من سمن وإقط وأصواف وجلود مدبوغة ومايتم انتاجه محليا، حيث تأخذه القوافل العابرة لتسويقه في الأماكن التي تقصدها في البلاد المجاورة[1].

أما أسواق نجد فكان حالها كما هو الحال في أسواق الشمال من حيث نوعية مايتداول من بضائع ومنتجات وإن كانت تجارتها الخارجية ترتبط ببعض إمارات الخليج التى أمدتها بأصناف أخرى لا تنتج محليا[2]، وذلك نتيجة لوجود علاقات تجارية تاريخية بين الهند وفارس وبين تلك الامارات. اذ كان بعض تجار نجد المحليين على علاقة بأسواق الكويت وعمان وعادة ماكانوا يمدون السوق المحلية بما لا يتوفر فيها من سلع كالشاي والبخور والحرير وغيره[3]

أما وحدات الوزن والكيل والقياس التي درج على استخدامها في تلك الفترة فكانت: القفان (للأوزان الثقيلة) والكفاف (للوزن الخفيف، أقل من 10 كيلو)، والصاع (4 كيلو) والمد (كيلو) وهو خاص بالحبوب والتمور، والوزنة (2 كيلو) لوزن اللحوم والسكر. أما وحدات قياس الأطوال فكانت تشمل الشبر (نحو 15سم)، والذراع (نحو نصف متر)، والباع (نحو مترين).

وعادة ما كانت تتم عملية البيع والتداول في قرى نجد في السوق، والذي كان يعرف باسم (المسحب) وكانت حوانيت ذلك السوق صغيرة و متراصة على شكل بيضاوي خلاف غيره من الأسواق في المناطق الأخرى[4]، وقد كانت تبتاع فيه

(1) مطر بن عايد العنزي، رفحاء، م.س.، ص 157.
(2) محمد بن سعد الشويعر، نجد قبل 250سنة، اصدارات النخيل، الرياض 1992،   ص 104.
(3) محمد عبدالعزيز القباني، ضرما، وكالة شؤون الشباب، الطبعة الأولى، الرياض 1993 ص 13.
(4) كبعض أسواق المنطقة الغربية مثلا، حيث كانت الحوانيت متفرقة، وتحتل عادة الأدوار السفلى من المنازل، وكان للمنتوجات الزراعية والحيوانية أماكن أخرى لتسويقها تكون على الطرق المتسعة تدعى (الرحبة)، أو أماكن خارج اسوار البلدة تدعى (المناخة).

بعض السلع الأساسية البسيطة وذلك بسبب ضعف ومحدودية دخـل الأفـراد، وغالبـا مـاكـان يبنـى السوق قريبا من المسجد الجامع (حيث تقام صلاة الجمعة).

وكان من طبيعة الأسواق أن تعج بالحركة في أيام الجمع، أو في فترات جني المحاصيل الزراعية، حيث يلتقي الباعة والمشترون من سكان البلـدة الواحـدة، أو مـن أبنـاء الباديـة والقـرى المجـاورة، وكـل يجلـب بضاعته من حبوب أو اعلاف أو مواش أو حطب ليقوم بعرضها وتسويقها بيعا أو مقايضة [1].

ولعل الحديث عن الأسواق والتجارة في المجتمع السعودي، حديث يطول وذو شجون، وهو حـديث يزخر بالتفاصيل والجوانب، ولكن حسبي ما أوردته من أمثلة سابقة كأنموذج يمثل ماكانت عليه الحـال في تلك الحقبة الزمنية التي سبقت ظهور النفط. ولا أنسى التذكير هنا بأن إدارة مهرجان الجنادرية قد شيدت أنموذجا كامل الملامح والهيئة للسوق الشعبي التقليدي عـلى أرض الجنادريـة - كـما أشرت في الفصـل الأول من هذا البحث - تشاهد فيه صورة الماضي بكل تفاصيلها، حيث تـزاول فيـه المهـن التقليديـة مـن حرفـة وتجارة وبشكل مباشر وحي ووفقا لماكان عليه الأسلاف وذلك في فترات إقامة المهرجان السنوية المعتادة.

---

(1) محمد عبدالعزيز القباني، م. س.، ص 134.

الفصل الرابع
العادات والتقاليد

(4)

من عادات الزواج

من المعروف أن مسألة عقد القران في المملكة العربية السعودية تتم وفق المنهج الإسلامي كما هو الحال بالنسبة لكل مسلمي الأرض. إلا أن الاختلاف عادة ما يكون في كيفية التقدم لخطبة العروس وفي طقوس الزواج العامة وفي بعض التفاصيل المتعلقة بطبيعة المكان والزمان والسكان. وسأورد هنا نماذج من عادات الزواج التي كانت سائدة في بعض المناطق السعودية على سبيل المثال:

- في الحجاز في محافظة (بدر) بمنطقة المدينة المنورة. كانت بدر كغيرها من بقية مناطق الحجاز لا تختلف في عاداتها وتقاليدها عن بوادي وقرى الحجاز خاصة في طقوس الزواج. فبعد تحديد العروس المناسبة – والتي تكون عادة من بنات العم – يقوم والد الفتى بمعية البعض من كبار القوم بتناول القهوة عند والد العروس وطلبها لابنه، فإذا تمت الموافقة يقوم والد الفتى بدعوة أفراد القبيلة والجيران إلى منزله، وبعد تناول العشاء يخبرهم بأنه قد عقد العزم على إقامة حفل زفاف لأبنه في موعد يحدده – بحيث لا يتعارض هذا اليوم مع حفل آخر في القرية – ويقوم بالتشاور مع أفراد قبيلته حول تفاصيل الحفل وتسمى تلك الليلة بليلة (الرأي). حيث يتم تحديد يوم (الفازة).

- والفازة هي عبارة عن مظلة كبيرة تبنى من الأخشاب وتسقف بمنسوج الوبر يقوم أفراد القبيلة بإعدادها بحيث تقام فيها الألعاب الشعبية قبيل موعد الزفاف بيومين أو ثلاثة أيام ويكون الليل فيها مخصصا للنساء أما النهار فهو للرجال [1].

---

(1) محمد صالح البليهشي، بدر، رعاية الشباب، الطبعة الاولى، الرياض 1993 ص 215.

117

وفي الصباح المحدد ليوم الزفاف يقوم أهل الحي باستقبال المدعوين على أصوات إيقاعات (الزير) ويكون الجميع متقلدين أجمل مالديهم من لباس وبنادق، حيث يلتقي خمسة من المرحبين بخمسة من المدعوين في ساحة وسط الحضور ويقومون بإطلاق أعيرة النار في الهواء، ثم يقوم عشرة رجال غيرهم بالدخول إلى الساحة وهكذا.

بعد ذلك يدعى الرجال الى دخول (المجالس) لتناول القهوة والتمر واحتساء الشاي إلى أن تحين صلاة الظهر حيث يؤدونها جماعة ثم يجتمعون للغداء. وبعد صلاة العصر ينتقل الرجال الى (فازة) الطرب الشعبي حتى موعد صلاة المغرب، يستريحون بعدها إلى مابعد العشاء ثم يتناولون طعام العشاء والذي يتكون عادة من الفطير المشرب بمرقة اللحم وقطعه وهو مايطلق عليه اسم (الفتة) أو الثريد.

أما العريس فيزف بواسطة أهله بمعية كبار السن على ضوء (السرج) وسط أهازيج خاصة إلى أن يصل منزل والد العروس للقاء عروسه، وبعد انصراف الجميع يذهب الفتى إلى منزله[1].

وفي الشمال في محافظة (سكاكا) بمنطقة الجوف. كانت عادات الزواج بسيطة غير مكلفة وغير مرهقة - كما هو الحال الآن - فقد يكون مهر العروس مدا من التمر أو صاعا من القمح، وكانت ليلة الزفاف تتمثل بأن تنتقل الزوجة إلى بيت زوجها بعد صلاة المغرب مع مجموعة من النساء مشيا على الأقدام في صف منتظم متطاول، وتحمل كل أمرأة فوق رأسها حاجة من لوازم العروس، وما أن يصل الموكب المترّجل بيت العريس حتى تطلق العيارات النارية إيذانا بوصول

(1) نفس المرجع، ص 216، 217.

العروس، وبعد صلاة العشاء تبدأ رقصة (العرضة) أو (السامري) كأحد مظاهر الفرح وإعلان الزواج [1].

وفي الصباح يزار العريس بأطباق من الأكلات الشعبية بقدر مايتيسر (للزائر)، وهذه الأكلة الصباحية - التي يدعى لها الجيران - تسمى (الزورة). وعادة مايقدم إلى العريس بعض المساعدات المالية خصوصا من الأقارب والأصدقاء الذين يتاح لهم دخول غرفة النوم بصحبة العريس قبل دخول العروس.

وقد تكون المساعدات عينية حيث يقدم البعض (الذبائح) للعريس خاصة في صباح اليوم الأول للزواج، وبالنسبة للولائم فهي تقام عادة ليلة الزفاف وعلى حساب الزوج، وغالبا ماتكون هذه الولائم - خاصة في الوقت الراهن - بذبح جمل وخمسة من الضأن. وكانت الدعوات لحضور حفل الزفاف في السابق تصل للمدعوين عن طريق إبلاغ المصلين في المساجد [2].

أما في نجد في محافظة عنيزة بمنطقة القصيم، فقد كانت ظاهرة الزواج المبكر خاصة بالنسبة للفتيات عادة شائعة، وكان المهر يرسل قبل عقد القران لأهل العروس ويحدد حسب الحالة المادية للعريس.

وكان من العادة أن يعد والد الزوجة مكان إقامة حفل الزفاف بحيث يعد مكانين لاستقبال النساء ولاستقبال الرجال. ويزف العريس إلى بيت عروسه بواسطة أهله حيث يستقبلهم والدها وبعد تناول القهوة والعشاء يمسك والد العروس بيد العريس ويدخل به إلى بيت الزوجية وسط غناء نسائي بهيج يؤدى في مثل هذه المناسبة.

(1) عارف مفضي، الجوف، الادارة العامة للنشاطات الثقافية، الطبعة الأولى. الرياض 1988 ص84.
(2) نفس المرجع. ص85.

وكان العريس في السابق يقيم في بيت العروس لمدة أسبوع كامل إذا كانت (بكرا) وثلاثة أيام اذا كانت (ثيبا).

يعقب ذلك مايسمى بحفل (الرحيل) الذي يقيمه عادة أهل العريس احتفاء بالعروس في بيتها الجديد [1].

وكان من عادة العريس أن يقدم لعروسه في صباح يوم الزواج هدية ذهبية ثمينة تسمى (الصباحية) تسبقها هدية ذهبية أخرى ترسل مع المهر تسمى (الشبكة).

وغالبا ما تتعدد ولائم الاحتفاء بالعروسين من قبل الأهل والأقارب عقب الوليمة المصغرة الأولى التي يقيمها أهل العريس بعد الأسبوع الأول من زواج إبنهم [2].

وفي القطيف في المنطقة الشرقية مثلا يأخذ الـزواج شـكلا آخر، فبعـد أن تـتم الخطبـة عـن طريق (الخاطبة) ودون أن يرى العريس عروسه، يرسل أهله إلى بيت العروس كمية مـن السـمك الطـازج ليـوزع على الأقرباء والجيران كرمز للبركة والخير ولاعلان الخطوبة.

ثم تلى هذه المرحلة مرحلة تسمى (الملجة) أو الملكة. حيث يجرى المأذون الشرعي مراسم النكـاح بعد أن يرسل الصداق والهدايا إلى بيت العروس، ويسمى مجموع مايرسل بإسم (التسلومة) وهي مكونـة من المصوغات الذهبية والأقمشة الحريرية وأكياس الأرز وأنواع من المكسرات والحلويات.

(1) محمد بن عبد الله السلمان، عنيزة، وكالة شؤون الشباب، الطبعة الثانية، الرياض 1998 ص167.

(2) نفس المرجع، ص 169.

وقبيل الدخلة بثلاثة أيام تؤخذ العروس وسط الأغاني والأهازيج إلى احدى عيون الماء لغسلها برفقة مجموعة من النساء وامرأة متخصصة لعملية الغسل تسمى (الداية) التى تقوم بتوزيع (العذرة) وهو الأرز المطبوخ بالسكر أو الدبس في الزوايا والمنعطفات كنوع من حماية العروس من الأعين والجان!!.

ويتم خلال الايام الثلاثة التي تسبق الدخلة عرض العروس أمام جمع من المتفرجات وهي في أبها حللها حيث يوضع صبغ الحناء الضارب إلى السواد في كفيها وقدميها على صوت الإيقاعات ومشاهد الرقص والزغاريد والتهاليل. وفى مساء الدخلة وقبل أن تزف العروس لعريسها يجري الاحتفال بمراسيم (التريمبو)[1] حيث توضع العروس في الصالة وينشر فوقها رداء من الحرير تمسكه أربعة من النساء كل واحدة بطرف وهن يرددن أهزوجة خاصة بهذه المناسبة[2].

أما العريس فيذهب به عصر يوم الدخلة إلى احدى العيون لغسله ويعمل له ما عمل لعروسه من توزيع (العذرة) ومن أغن وأهازيج، ثم يعاد على ظهر حمار أو فرس ويتحلق الجمهور حوله وهم يرقصون رقصة (العرضة).

وفي المساء تقرأ على الحضور قصة زواج السيدة خديجة بالنبي صلى الله عليه وسلم بأسلوب شيق، ثم تبدأ الالعاب الشعبية المحلية (كالسامري) إلى ظهور الصباح، بينما يبيت العريس مع أصحابه وأيديهم وأرجلهم مغموسة (بالحناء).

وفي الليلة الثانية يزف العريس إلى بيت العروس وسط اهازيج خاصة ثم يدخل إلى غرفة النوم برفقة الشيخ الذي يقرئه الدعاء بعد أن يصلي ركعتين لله يخرج بعدها لتوديع المهنئيين[3]، ثم مايلبث أن يعود. لتدخل عليه وعلى عروسه

---

(1) محمد سعيد المسلم، القطيف، الرئاسة العامة لرعاية الشباب، الطبعة الثانية، الرياض 1997 ص94.
(2) يعتقد بأن هذه العادة قد جاءت من الهند أو الصين وهي موجودة في أغلب بلدان الخليج.
(3) يطلق السكان هناك على الشيخ أو رجل الدين إسم المطوع أو الملا.

(الداية) والتي تضع قدمه اليمنى وقدم عروسه اليسرى في صحن صيني بوضع متقابل بحيث تلتصق احداهما بباطن الأخرى ثم تصب ماء الورد عليهما كنوع من الوفاق.

وقد جرت العادة أن تحرس العروس عن عريسها ولا يسمح له بمسها إلا بعد صلاة الفجر!.

وعادة مايقيم العريس في بيت أهل عروسه أسبوعا كاملا ويستقبل به مهنئيه وزواره حتى يوم (الحوال) وهو موعد خروجه إلى عشه الزوجي [1].

تجهيز العروس

اهتم المجتمع السعودي على تربية فتياته على الأخلاق الفاضلة والحياء مما أدى إلى ظهور بعض المظاهر المصاحبة للزواج كعادة الزواج المبكر، وقد كانت الخطبة تتم عن طريق (الخاطبة) والتي كانت تزور المنازل وهي تحمل على رأسها (بقشة) تحتوي على بعض البضائع بغرض بيعها، إلا أن الهدف الحقيقي كان يكمن في معرفة دواخل البيت لتقريب رأسين بالحلال اضافة إلى التكسب [2].

ولتجهيز العروس فقد امتهن بعض النساء حرفة نقش الحناء لتخضيب أطراف الفتاة قبيل ليلة الزفاف وهي عادة شبه عامة، وكان يطلق عليها في منطقة الحجاز بإسم (الخمرة). كما امتهن البعض الآخر منهن مهنة المشاطة وتخصصن في تجميل شعر العروس واعدادها للعريس ليراها في أجمل صورة، وكان لتلك النسوة أدواتهن وموادهن الخاصة في ذلك كالأمشاط، والريحان، والمحلب، والورد، والسدر،

(1) محمد سعيد المسلم، القطيف، م.س.، ص 95,97.

(2) موضي المقيطيب، المرأة في الأمس، اللجنة النسائية للتراث، الحرس الوطني. الرياض بلا تاريخ ص13، 14.

والزعفران، وكانت الماشطة تتقاضى مقابل عملها أجورا غير محددة تدفع لها حسب ماتيسر[1].

ولأن مسألة الزواج المبكر كانت دارجة في المجتمع السعودي - كما أسلفت - فقد كانت العروس بحاجة إلى من يقوم بشد أزرها ومساعدتها لتتخطى مرحلة الخوف والقلق خاصة في الأيام الأولى من زواجها.

هذا الأمر استدعى ظهور مهنة خاصة بهذا الأمر تمارسها امرأة يطلق عليها اسم (الربعية) وتكون كما جرت العادة امرأة ناضجة أمينة على السر قريبة من العائلة حيث تتقاضى مبلغا من المال مقابل أن تذهب مع العروس ليلة زفافها لتسكينها وطمأنتها، ولتقوم أيضا على خدمتها وتنظيف وترتيب حجرتها، إضافة إلى تحضير عطوراتها وزينتها الخاصة.

وتمكث (الربعية) في الغالب يومين إلى ثلاثة أيام عند العروس وتكون قريبة منها وحميمة لها، وفي اليوم الثالث يقدم لها الزوج ما يسمى (بالزوار) وهو عبارة عن بعض النقود والشاي والسكر والقهوة، كما تقدم لها والدة العروس بعض الألبسة (الكسوة) كشكر إضافي على ما قامت به من مجهود.

وقد انحسرت تلك العادة بشكل كبير نتيجة لتطور المفاهيم العامة حول أمر الزواج إضافة إلى أن الفتاة السعودية لم تعد تزوج في سن مبكرة كما كان الأمر في السابق، نظرا لاهتمام أهلها بمسألة تعليمها وإعدادها للحياة بشكل أفضل[2].

(1) تعادل تلك المهنة (الماشطة) مايعرف بمهنة (الكوافيره) في هذه الأيام.

(2) موضي المقيطيب، المرأة في الأمس، م.س.، ص 14.

من عادات الأعياد

يعتبر عيد الأضحى المبارك وعيد الفطر السعيد العيدين الرئيسيين **بالنسبة** للمجتمع السعودي، وليس من عيد آخر له توافقا مع ماجاءت به تعاليم الإسلام، حيث يعتبر السعوديون أن كل عيد غير هذين العيدين (بدعة) ولا يعترف به، وتمثل مناسبة العيد بالنسبة للجميع فرصة للتقارب والتزاور ولاجتماع شمل العائلة. كما تمثل مجالا للتعبير عن البهجة والفرحة من خلال مايقدم من خلالها من فنون شعبية وولائم، كما أنها تمثل أيضا الشيء الكثير بالنسبة للأطفال وللصغار الذين يعايشون مناسبة العيد بإحساس وشعور مختلف. قد لا يتكرر طيلة العام إلا مرتين فقط[1].

ونظرا لكون العيد مناسبة دينية بالدرجة الأولى، فقد اتفق الجميع على كيفية آداء شعائر صلاة العيد والتي تبدأ عادة بحضور الصلاة صباحا في (مسجد العيد) وهو ساحة كانت تخصص لهذا الغرض أو في جامع القرية أو البلدة.

وجرت العادة أن يرتدى الجميع جديد ثيابهم، وأن يتبادلوا تحايا العيد بألفاظه المعهودة مثل (كل عام وأنت بخير) أو (عيدك مبارك) أو (كل سنة وأنت سالم) الخ. إضافة إلى مسألة التزاور فيما بين الأهل والأصدقاء والمعارف إلى جانب معايدة الصغار واصطحابهم إلى أماكن اللهو والترفيه[2].

ويكمن الاختلاف في عادات العيد داخل المجتمع السعودي في نوعية ما يقدم من مأكولات وحلوى إضافة إلى الاختلاف في شكل الزى وطرزه وهي اختلافات بدأت تتلاشى نتيجة ذوبان المجتمع في قالب حضاري واحد على إثر حركة

---

(1) من المعلوم أن الاسلام كان قد الغى الاحتفال بالأعياد غيرعيدي الأضحى والفطر، كعيد النيروز مثلا، حيث اعتبرها بدعة، وقد جاء في الأثر (كل بدعة ظلالة، وكل ظلالة في النار).

(2) صالح حماد العنزي، الحياة الاجتماعية في الجوف، م.س. ص 86.

التواصل والتداخل التي أحدثتها طفرة النفط إلى جانب تطور سبل الاتصال فيما بين المناطق، وفيما يلي استعراض لنماذج لما كانت عليه عادات العيد وتقاليده:

في (القريات)[1] في منطقة الجوف على سبيل المثال: كان صباح العيد احتفالية حقيقية بالنسبة للأهالي، فبعد أن يصلي الجميع في مصلى العيد كانوا يجتمعون على ما تيسر من ولائم الطعام، وكانت الأزقة والطرقات تفرش بالبسط حيث يقدم كل بيت ما أمكن تقديمه من طعام شعبي يعد خصيصا لهذه المناسبة يتناول منه العابرون والزائرون والمهنئون، فيما يقوم البعض بزيارات لذويهم وأقربائهم بدأ من الأكبر سنا وانتهاء بالمعارف والجيران، وكانت فرحة الأطفال لا توصف بثيابهم الجدد وبما ينهال عليهم من معايدات الكبار من القروش والحلوى، اذ كان الأطفال يشكلون مجموعات يتنقلون على دور البلدة لطلب المعايدة، اما الكبار فقد كان لديهم متسع جيد من الوقت لممارسة بعض الألعاب الشعبية كالعرضة والسامري في وسط أسري حميم.

أما في (العلا) في منطقة تبوك[2] فقد كان الناس - في السابق - يخرجون الى الصلاة في مجموعات عشائرية بخيلهم وعبيدهم وقضاتهم، كما يتجمع الفتيات والأطفال اثناء الصلاة في مكان معين خارج أسوار البلدة حيث اعتادت كل فتاة أن تحمل طفلا رضيعا سواء كان من أهلها أو من أطفال الأصدقاء، ومع كل فتاة (قفة) جميلة ومزركشة من الصناعات المحلية، مملوءة بما يعرف (بالغزة) وهي نوع من الحلوى، وهي تقدم عادة من قبل أهالي الأطفال.

---

(1) القريات، مسقط رأس الباحث وتقع في المنطقة الشمالية في وادي السرحان.

(2) عبد اللـه آدم نصيف، العلا والحجر، وكالة شؤون الشباب، الطبعة الأولى، الرياض 1998 ص128.

وخلال هذا التجمع يتقابل البنات مع بعضهن ويتبادلن حلوة (الغزة)، أما عادة أخذ الأطفال الرضع فكانت على مايبدو لتمكين ربات البيوت من التفرغ لإعداد دورهن من اجل استقبال المهنئين أو من أجل التفرغ لأداء شعيرة صلاة العيد[1].

وبعد انقضاء الصلاة كان الجميع يعودون إلى منازلهم، ثم يبدأون في تبادل الزيارات وإزجاء التهاني إلى فترة الظهيرة، وفي العصر تتاح الفرصة للنساء لتبادل الزيارات بينما يصعد الولدان والأطفال إلى أعالي الربا لقضاء وقت ممتع فوق الرمال الذهبية. أما في الليل فقد كان الأهالي يحتفون بالعيد بممارسة الفن الشعبي حيث كان يضرب على (الزير) بمفرده دون مصاحبة الآت الطرب الأخرى، وتتردد على إيقاعاته الأهازيج والألحان المحلية[2].

ومن الشمال إلى الجنوب حيث كان سكان منطقة الباحة يجتمعون في (المشهد) أو مصلى العيد لأداء شعائر صلاة العيد، ثم يقومون بمراضاة الخصوم حيث درجت العادة ان يتصالح المتخاصمين في هذه المناسبة الذين ربما امتدت خصومتهم لأشهر طوال.

ثم يعود الجميع لتناول طعام الإفطار والذي يتكون في هذه المناسبة من الخبز والسمن البلدي والتمر، إضافة إلى المرق واللحوم، ويعتبر الأكل واجبا على كل زائر ويسمى هذا الأمر بالمعايدة.

أما المزاورة بين الأهل والأصدقاء فتسمى في الباحة (بالمماوجة) ويقوم بها الأهالي جماعات جماعات وعلى عجل حتى وقت الظهيرة[3].

---

(1) عبد الله آدم نصيف، العلا والحجر، وكالة شؤون الشباب، الطبعة الأولى، الرياض 1998 ص128.
(2) نفس المرجع، ص 129.
(3) سعيد فالح الغامدي، التراث الشعبي في القرية والمدينة، دار العلم، جدة 1985، ص 267.

أما اليوم الثاني من أيام العيد فهو خاص بالمعايدة على القريبات من النساء في القرى المجاورة، حيث يذهب ذوي المرأة لزيارتها في بيتها وتقديم (العيدية لها). وفي اليـوم الثالـث تحضر ـ كـل امـرأة إلى منـزل والدها أو أخيها لمعايدته، ويكون اليوم الثالث لذبح الذبائح وإقامة الولائم للضيوف من المعايدين.

وفي عيد الحج عادة ما يذهب الجميع للصلاة (صياما) ثم يأكلون بعد العودة وبعد ذبح الأضحيات والتي يشترك بها عادة مجموعة من خمسة إلى سبعة أشخاص وتكون أما ثور أو بقرة، وتقسم الأضحية إلى ثلاثة أقسام فقسم للتصدق به وقسم للإهداء وقسم يحتفظ به، وفي المساء تجتمع كل عائلة عنـد أكبرهـا سنا حيث يتم تناول طعام العشاء[1].

(1) المرجع السابق، ص 268.

عادات شهر رمضان المبارك

يعد شهر رمضان المبارك مناسبة دينية هامة بالنسبة للمجتمع السعودي المسلم، حيث تعد العدة لاستقباله بشغف، ويعمل الجميع على التزود باحتياجات رمضان من مأكل ومشرب، ويشكل تحري هلاله وظهوره فرحة خاصة لدى الجميع إذ يتغير نمط الحياة اليومي بإحياء الليل بصلوات التراويح والعشر الأواخر كما يتغير نمط الغذاء إلى وجبتي السحور والفطور، وتتصافى القلوب ويتلاقى الفرقاء، وتكثر الصدقات والمساعدات، ويتفقد الناس بعضهم بعضا، وتوصل الأرحام، وتتجلى صور التراحم والتواصل والإنسانية.

ولكون شهر رمضان مناسبة دينية فإن مسألة الاختلاف قد لا تذكر بين أفراد المجتمع الإسلامي حيث تتشابه الطقوس والشعائر وتتفق نمطية الحياة بشكلها العام، اما عن الاختلاف في العادات فيكمن في نوع ما يقدم من أطعمة وفي أسلوب التعامل مع الوقت، فأهل السواحل ونتيجة لحرارة الجو فإنهم يحبذون السهر إلى وقت صلاة الفجر على عكس بعض القرى الداخلية أو سكنة الجبال الذين يؤدون شعائرهم ليلا ثم يخلدون إلى النوم حتى موعد تناول طعام السحور [1].

وعادة ما تعقد في ليالي شهر رمضان الندوات الدينية التي يقرأ فيها القرآن وترفع فيها الأدعية، وفيه يسمح للأطفال بالسهر والتجوال بالطرقات، اذا أن الجن كما يعتقد تحبس في قماقمهم طيلة هذا الشهر [2]، وفيه يجوب (المسحر) أنحاء البلدة ضاربا طبلته أو طارقا بيوت الناس لإيقاظهم للسحور.

---

(1) مثال ذلك مدينة جدة على البحر الأحمر، حيث تدب الحركة النشطة فيها ليلا خاصة في شهر رمضان جراء حرارة الطقس.
(2) ورد في الأثر أن الشياطين تصفد في رمضان، أما بشأن (القمقم) فهو أمر تعارف عليه أهل القطيف سابقا.

129

وفي بعض البلدات يتحلق الأطفال حول (المسحر) يرددون نداءاته ويصفقون مـن خلفه، وبعـد انتصاف الشهر يبدأ المسحر جولته على البيوت ليتقاضى أتعابه فينفح بالعطايا من النقود والحبوب حتى آخر الشهر [1].

ومن عادات رمضان المبارك في جنوب الجزيرة العربيـة في (صبيا) بمنطقـة جـازان، يحتفـي الأهالي احتفاء خاصا، حيث يقوم الكثيرون بالاستعداد لهذا الشهر بترميم وإصلاح بيوتهم وإدخال التعـديلات والتحسينات عليها استعدادا لاستقبال ذويهم ومعارفهم خلال فترة رمضان المبارك، فصاحب (العشة) يقوم بتجديد جدار عشته من الداخل بالطين وروث البقر، كما يجدد عر صات العشـة مـن الـداخل والخـارج، وصاحب البيت الشعبي يقوم بتجديد (الجص) الذي يكسو منزله ويبيضه بمادة (النورة).

ومن عادات أهل صبيا الغذائية في رمضان استخدام (الرجابي) ومفردها (رجيبة)، وهي وعاء فخاري تقوم ربة البيت بوضع بعضا من مادة (المستكا) فيه إضافة إلى نبات (الفل) المحلي ثم تخلطه بالمـاء وتضعه عرضة للهواء ليكتسب من برودة الجو برودة.

وكان الصائم يتناول هـذا الشراب باستخدام الصحاف الخشبية المنجورة مـن الخشـب والمطليـة بالقطران الأسود.

أما طعام الإفطار فكان يتكون من التمر وأقراص الـذرة و(القطيبـة) أو اللـبن الرائـب. وفي العشـاء اعتاد أهل صبيا تناول (المرسة) أو (الهريسة) وهي أكلة تصنع من دقيق الحنطة مضافا اليهـا سـمن البقر والموز والعسل، إلى جانب السمك المالح.

(1) محمد سعيد المسلم، القطيف، مرجع سبق ذكره ص 90.

أما السحور فكان غالبا ما يتكون من الحليب وخبز الذرة الحلو[1].

وكان أهل صبيا لا يستيقظون لتناول السحور إلا على صوت طبل (المسحراتي) وهو يقرعه ويصيح بأعلى صوته:

سحورك ياصائم. . وحد الله يانائم.

وهو يردد هذه العباره في كل الطرقات والأزقة وعلى الأبواب حتى يفيق الجميع على صوته[2].

وفي (ضرما) بمنطقة نجد كان للشهر الكريم مكانته، وكان انتظاره حدثا يشارك به الجميع، حيث كان الناس يصعدون قبيل الشهر الى أسطح المساكن والمرتفعات ترقبا لرؤية الهلال والاستبشار برؤياه. وخلال الشهر كانت المساجد تعمر بالمصلين رجالا ونساءا. وكان الجميع يكثرون من التهليل والتكبير منذ دخول العشر الأواخر، ومن العادات أن يخصص في كل مسجد مكان لصلاة النساء، خلف ستار يسمى (الرواق)، وأن يقدم الطعام كما تقدم القهوة والماء والبخور لمرتادي المسجد.

أما عن العادات الغذائية في رمضان فقد كان أهالي ضرما - كبقية مناطق نجد - يفطرون على التمر والماء واللبن أو شراب (الإقط) أو شراب التمر (المريس). وبعد أداء صلاة المغرب يتناولون افطارهم أو العشاء من الهريس أو من القرصان أو غيرها، وكان يكثر من أكل اللحم في هذا الشهر حسب الظروف والامكانات المادية[3].

(1) محمد محسن مشاري، صبيا، وكالة شؤون الشباب، الطبعة الأولى، الرياض 1992 ص111.

(2) المرجع السابق. ص 113.

(3) محمد عبد العزيز القباني، ضرما، سبق ذكره، ص75.

وبالنسبة للصدقات والزكاة فقد كان الموسرون يخرجون ماعليهم منها في ذلك الشهر الفضيل، وكان يوم الخميس موعدا دائما لوليمة تعرف بعشاء الوالدين، وكانت تلك الوليمة توضع في المساجد أو توزع على الأقارب والجيران أو ذوي الحاجة[1].

ولعل ما أوردته من نماذج في الأمثلة السابقة حول عادات رمضان كافيا للدلالة على أهمية ذلك الشهر الفضيل بالنسبة للمجتمع السعودي، وعلى مدى تأثيره في العادات وفي الحياة الاجتماعية العامة والخاصة في ذلك المجتمع الذي جمعته الألفة وساده التراحم والترابط ووحده الإيمان.

---

(1) هذا الأمر لاينطبق على مدينة ضرما فحسب بل هو شائع في كل مناطق ومدن المملكة تقريبا مع الاختلاف في الكيفية فقط.

عادات الختان

من المعتاد وحسب الشريعة الاسلامية أن يختن الطفل في سنيه الأولى. وطريقة الختان ومايتبعه من احتفال ظاهرة اجتماعية متباينة، فلكل جماعة تقاليدها في هذه المناسبة وذلك حسب المنطقة ومادرج عليه الأهالي من عادات بهذا الشأن، ومن الملائم هنا طرح بعض النماذج لعادات الختان التي كانت تتم في المجتمع السعودي قبل أن يشهد ماشهده من تطور في كافة المجالات خاصة في مجال الصحة.

ففي منطقة نجد مثلا: كان الختان أمرا عاديا ومألوفا وكان يسمى (الطهار). وطريقته أن يحضر (الخاتن) في الصباح الباكر الى منزل الطفل، حيث يؤتى به معصوب العينين ويوضع جلويا فوق إناء مرتفع، ويستخدم الخاتن جلدة غليظة مفتوحة الوسط يدخل فيها اللحمة الزائدة ثم يقطعها، ويترك الطفل مشقوق الثوب. حيث تحتفل الأسرة برمتها في هذه المناسبة وتجتمع في بيت واحد، ويقوم الأب عادة بإعداد وجبة افطار شهية من الأكل الشعبي لضيوفه احتفاء بهذه المناسبة، بينما ينظر الأطفال بشيء من الريبة والرهبة والقلق تجاه هذا الأمر[1].

أما في مدينة جدة في المنطقة الغربية، فكان (الحلاق) أو المختن يأتي الى منزل الطفل المولود حديثا، حيث يكون الطفل مهيأ بلفه في قماش أبيض وتكحيل عينيه وتعطيره استعدادا للختان، ثم يحمله أحد أقاربه إلى المكان الذي يجلس فيه الحلاق الذي يقوم بقرأة الفاتحة ومن معه من الحضور، وبعد الانتهاء يقوم بقطع الجلد الذي يغطي رأس ذكر الطفل بواسطة (الموس)، ثم يلف مكان الجرح بقطعة

(1) حسن بن فهد الهويمل، بريدة، الرئاسة العامة لرعاية الشباب، الرياض 1402، ص 86.

من الشاش بعد أن يذر عليها بعضا من الكحل. وعادة مايصاحب ذلك الأمر احتفالا موسعا أو مختصرا تبعا للحالة الاجتماعية والاقتصادية لذوي الطفل.

أما اذا كان الطفل قد تجاوز الخامسة من عمره ولم يختن، فإن الأسرة تهيء له حصانا بلجامه وسرجه وتزينه بقطع من القماش الملون، ثم يركب عليه الطفل وهو في أبهى حلة، ويطاف بالحصان وعلى ظهره الطفل في احياء المدينة، حيث يتجمع الأطفال ويسيرون خلف الطفل في بهجة وسرور. وفي اليوم التالي تتم عملية الختان في دار الطفل، ويجريها الحلاق أيضا، وبعد اتمام العملية يقدم طعام الافطار، ثم يكافأ الحلاق، ويبقى الطفل ملازما داره حتى يشفى[1].

وفي الباحة في منطقة الجنوب، كان أهل الطفل يدعون كل أهل القرية بمناسبة ختان وليدهم. ومنذ الصباح الباكر كانت ترفع (راية بيضاء) على دار الطفل[2]، وقبل شروق الشمس يتواجد المدعوون في فناء دار الطفل ومعهم (فقيه القرية) الذي يتسلم الطفل من خاله بعد أن ينزل به من الدار، ثم يؤذن في أذنه اليمنى، ويقيم في أذنه اليسرى، تماما كما يفعل في الآذان والاقامة للصلاة، ثم تتم عملية الختان بواسطة رجل متخصص بهذا الأمر وسط اطلاق الأعيرة النارية وذبح الذبائح وفي المساء تقام وليمة عشاء لأهل القرية في منزل والد الطفل.

أما اذا كان الطفل قد تجاوز سن الخامسة ولم يختن، فقد جرت العادة في الباحة أن يمسك الطفل في يده سيفا أو خنجر وسط حلقة دائرية من الذكور من اقرانه ومن الرجال، ثم تقف والدته على مرأى منه لتشجيعه ولحثه على الصبر، وعند وصول (المطهر) يقول الطفل: (انا فلان ابن فلان وخالي فلان بن فلان) ثم يرفع ثوبه بيد ويمسك باليد الأخرى السيف أو الخنجر، ليقوم المطهر بقطع جلدة

---

(1) سعيد فالح الغامدي، التراث الشعبي في القرية والمدينة، م.،س. 183.

(2) نفس المرجع، ص184.

ذكره (الرغلة)، وعلى الطفل أن لايحرك ساكنا وان لايبكي، وان فعل ذلك فقد سبب العار لأسرته، وان ثبت فإن والدته تقوم برفع راية بيضاء على سطح دارها افتخارا واعتزازا بولدها[1].

وفي أبي عريش في منطقة جازان، كان الختان بصفة عامة يكلف الكثير مـن المـال والجهـد نتيجـة للولائم والحفلات التي تقام وتستمر لعدة أيام، وكان الصبي لايختن الا في سن السابعة عشرة أو العشرـين من عمره ويسمونه (الدِّرم) اما الحفلات المصاحبه للختان فكانت تسمى (الهود)[2].

وبعد الإستعدا د لعملية الختان، يبدأ الهود حيث تدق الطبول بعد صلاة العصر وتقام رقصة خاصـة بهذه المناسبة تسمى (السيفى) ثم يخرج الجميع الى ميدان البلدة راقصين رقصة تسمى (الدمه) يتقـدمهم (الدرم) وبيده سيف مسلول، وهناك تقام رقصة أخرى تسمى (العرضة) إلى قرب الغروب، وفي الليل تقام رقصة أخرى أيضا تسمى (الزيفة)، وعادة ماتستمر الحفلة على قدر وحالة ومكانة أهل (الدرم) وهي تبـدأ من يوم وليلة وقد تستمر أسبوعا كاملا[3].

وقد جرت العادة في تلك المنطقة أن يذهب (الدرم) برفقة مجموعة من (الطبالين) لدعوة الضيوف لحضور ختانه من القرى الأخرى (المطاليب) اللذين عادة مايستقبلونه ومرافقيه الطبالين بـالأعيرة الناريـة والزغاريد.

وفي يوم الختان يبدأ أهل الدرم بالاستعداد لهذه المناسبة حيث يقومون بتحضير كل مايلزم لاستقبال الضيوف من اعداد مكان وطعام، وبدأ من شروق الشمس تقرع

(1) سعيد فالح الغامدي، التراث الشعبي في القرية والمدينة، المرجع السابق، ص185.
(2) الدرم والهود مسميات محلية في لهجة أهالي جيزان، أما عن أصل هاتين الكلمتين فلم يتح لي الاطلاع على مرجع يوضح اصلهما.
(3) محمد حاسر ابراهيم عريشي، أبو عريش، الادارة العامة للنشاطات الثقافية. الرياض 1997، ص119.

الطبول، وتدار رقصة (السيفي) ويجتمع الأهل و(المطاليب) في حفل راقص تحت رفرفت الأعلام وصوت الأعيرة النارية ويسيرون نحو مايسمى بدار الحكومة حيث يدخل الـدرم والختّـان ونفـر مـن اهلـه لتتم عملية الختان. لتبدأ بعدها فترة (الخطور) - وهي مايدفع من هـدايا نقديـة للعـريس - والاحتفـالات واقامة الولائم الباذخة المكونة من الدقيق والسمن والعسل واللحم[1].

(1) المرجع نفسه، ص 120.

عادات طقوس الموت والدفن

تختلف العادات الخاصة بشأن الموت والدفن في المجتمع السعودي كغيرها من العادات، فلكل منطقة أو ناحية أسلوبها الخاص في التعامل مع تلك الحالة، وان اتفقت العادات فيما يخص الجانب الديني المتعلق بالغسل وصلاة الجنازة وكيفية الدفن وهو أمر شرعي تتفق عليه المجتمعات الإسلامية كافة.

وقد وجدت أنه من العسير جمع التفاصيل الخاصة بعادات كل منطقة وايرادها في هذا البحث نظرا لتعددها ولكثرتها، ولكني سأكتفي بتسليط الضوء على الطقوس التي تمارس في البيئة الحضرية كمدينة جدة (الغربية) وفي البيئة القبلية كمنطقة الباحة (الجنوبية) على سبيل المثال لا الحصر:

ففي جدة كان دور الرجل تشييع جنازة المتوفى، ثم الجلوس لتقبل العزاء بعد عصر يوم الوفاة الأول، خاصة إذا كان الرجل من أقرباء المتوفى، ويتم جلوس الرجال في العزاء على كراس تصف في فناء الدار او الشارع، تقابلها كراس لجلوس المعزين، حيث يبدأ المعزون بالتوافد من بعد صلاة العصرـ وحتى صلاة العشاء، وعند قدومهم يلقون التحية، ثم يأخذون أماكنهم على المقاعد المعدة لجلوسهم ينصتون إلى آي من القرآن الكريم، وتدار عليهم القهوة العربية وبعد أن يشرب كل منهم فنجانا من القهوة ينهض متوجها إلى المقاعد التي يجلس اليها أقرباء الميت، حيث ينهض هؤلاء من مقاعدهم، ويبدأ المعزون في وضع أيديهم على أكتاف أهل المتوفى قائلين (أحسن الله عزاءكم) ويرد هؤلاء بالقول (عظم الله أجركم) ويستمر

العزاء على هذا الشكل ثلاثة أيام، وفي كل يوم يقدم لبعض المعزين والأقرباء طعام العشاء في مكان اقامة العزاء[1].

أما النساء فمأتمهن أكثر تعقيدا مما ذكر، وهو يمر بعدة مراحل منها:

الفزعة: وهي الثلاثة الأيام الأولى للمأتم، حيث يسرـع النسوة إلى دار أهـل المتوفى اذا ماسمعن الخبر، ويبقين في الدار للندب والبكاء والعويل بأصوات عالية، وكن يرددن مناقب وصفات الميت.

الوجبة: وهي وجبة تقدم للنساء فقط في أيام الأسبوع الفردية. الأحد، الثلاثاء، الخميس، وعادة مايقدم خلالها أهل الميت أطعمة للحاضرات تتكون دائما من اللحم بالأرز والحمص، والكباب، والمحشيـ خاصة الباذنجان الأسود، والتمر، والسلطة بالطحينة، والخيار. ويبـدأ النساء بالوصول الى دار العزاء في الضحى خلال أيام الوجبة، ويبـدأن بالبكاء والعويل إلى قرـب العصرـ حيث تقدم تلك الوجبة. وعادة مايستمر هذا الأمر لمدة أربعين يوما، وآخر يوم يسمى (الأربعين)[2].

ندب الموتى: حيث لا يكتفي النسوة بندب الميت الحاضر، بـل أن بعضهن ينـدبن مـن فقدن مـن اقرباء وأهل، بحيث أن الندب يكون لجميع من توفوا إلى جانب من توفي حديثا[3]. وهو أمر يتعارض مـع التعاليم الإسلامية التى تدعوا إلى الصبر والخشوع وعدم رفع الصوت في حالة البكاء، ولكنها العادة.

---

(1) سعيد فالح الغامدي، التراث الشعبي، م. س، ص 245.
(2) في الوقت الحاضر، أستبدلت عادة (الوجبة) بما يسمونه قطع العزاء حيث أقتصر الأمر على أيام ثلاث فقط.
(3) محمد علي مغربي، ملامح الحياة الاجتماعية في الحجاز، في القرن الرابع عشرهجري، تهامة، الطبعة الأولى، جدة 1982 ص 89.

ملابس المآتم: كانت ملابس الحداد بالنسبة للسيدات في الماضي (بيضاء كاملة) تخلو من الزركشة أو الزينة، وكانت عبارة عن سروال أبيض، وصديري أبيض، وفستان أبيض فوقهما، وتلف المرأة رأسها بقماش أبيض خفيف يشبه الشاش يسمى (اليشمك)[1].

ومن العادات التي كانت شائعة في جدة، انه اذا مضى عشرون يوما على الوفاة، يحضر ـ مقرىء أو أكثر لقراءة القرآن الكريم على روح الميت من الصباح وحتى بعد الظهر ثم يقدم طعام الغداء حيث تقرأ الفاتحة على روح الميت قبل تناول ذلك الطعام، ويكرر المظهر نفسه في اليوم الأربعين للوفاة ثم بعد مضي عام كامل من تاريخها وهو مايسمى (الحول)[2].

ومن الملاحظ أيضا أن القبور كانت ولازالت عامة للمسلمين لا تخصص لعائلة أو جماعة بعينها، وهي قبور ترابية بسيطة بعيدة عن مظاهر التميز أو البذخ.

أما في منطقة الباحة فليس هناك مظاهر متعددة ومعقدة كما هو الحال في مدينة جدة، ويمكن تلخيص المظاهر المصاحبة للموت كالتالي:

المأتم: وهو يختلف باختلاف نوع المتوفى، فإن كان ذكرا كان المأتم موسعا وكبيرا، وان كانت أنثى كان المأتم أقل وأصغر. كما يختلف المأتم أيضا باختلاف سن المتوفى، فالذكر المتوفى من كبار السن يجتمع لوفاته كل رجال القرية وكذلك قريباته (ويوصى بعدم العويل والبكاء لمخالفة هذا الأمر للسنة النبوية) حيث يقوم

---

(1) يذكر أن عادة لبس الأبيض قد أستبدلت بلبس الأسود، إلا أنني قد شاهدت مؤخرا أن البعض من النسوة لازلن يلبسن الأبيض في مثل هذه المناسبات.

(2) سعيد فالح الغامدي، التراث الشعبي، م. س، ص 247، 248 .

الرجال بدفن المتوفى في مقابر القرية وحسب وصيته، اذا أن البعض يكون قد أوصى بأن يدفن بجانب أحد أقرباءه أو في نفس القبر.

وبعد الدفن يعود الرجال الى منزل المتوفى لتناول القهوة والشاي، كما يتوافد النسوة إلى المنزل للتخفيف من مصاب أهله، وجرت العادة أن تخرج من المنزل كل من علا صوت بكائها أو أن توضع في حجرة خاصة حتى لاتؤثر على البقية[1].

تقبل العزاء: جرت العادة أنه اذا كان المتوفى كبيرا في السن فإن أهل القرية جميعا يعتبرون من أقربائه، وهم يجتمعون في دار العزاء منذ الصباح الباكر، وبعد الدفن، تأتي وفود المعزين من القرى والبلدات المجاورة لتقديم واجب العزاء، ويجلس الجميع بصمت يتناولون الشاي والقهوة عدا صوت (المحدث) الذي يلقى أحاديث نبوية تتعلق بالموت، ويدعو إلى الاحتساب وعدم الافراط في الحزن.

وعند وصول جماعة المعزين من احدى القرى مثلا، يخرج الجميع لاستقبالهم صفا واحدا، ويلتقون بهم في صف واحد أيضا، حيث يقول القادمون: (السلام عليكم، أحسن الله عزائكم) ويرد المستقبلون: (وعليكم السلام، عظم الله اجركم). ثم يدخل القادمون إلى المكان المخصص لهم يقدمون واجب العزاء على لسان أكبرهم سنا حيث يقول: (بلغنا وفاة فلان، فأتينا لتعزيتكم فيه) فيجيبه أكبر المستقبلين سنا: (جزاكم الله خيرا ولا أركم مكروها). ثم يستأذن القادمون بالانصراف ويحضر آخرون، وهكذا لمدة ثلاثة أيام[2].

---

(1) المرجع نفسه، ص 249.

(2) اذا كان المتوفى أنثى أو صغيرا بالسن، فقد جرت العادة الايحضر معزون من قرى أخرى عدا الأقرباء أو من هم على صلة نسب أو صداقة.

طعام العزاء: يحدث في كثير من الحالات أن يذبح أهل المتوفى ثورا أو بقرة تقدم كعشاء في نفس يوم الوفاة يدعى اليه أهل القرية ومن حضر من خارجها، أو ان يتصدق باللحم عن الميت (صدقة الميت). ولا يخرج طعام العزاء بالعادة عن اللحم والأرز، وهو يقدم في وجبات الغداء والعشاء لمدة ثلاثة أيام. وبعدها يبدأ الأقرباء بصنع الطعام لأهل المتوفى من ثلاثة إلى سبعة ايام، ويشاركهم البعض السكنى والبيات خلال تلك الفترة للمؤانسة وابعاد الوحشة[1].

وكان من المعتاد الا يظهر النساء زينتهن في فترات الحداد، والا تستقبل زوجة المتوفى من الذكور احدا سوى أقربائها من المحارم.

أما بالنسبة للمقابر فقد كان لكل أسرة مقبرتها الخاصة، وكانت القبور مستوية بالأرض لا ترتفع عنها وتعلم بحجرين متوسطي الارتفاع على طرفي قبر الذكر، بينما لاتوضع تلك الحجارة على قبور النساء، كما كان أهل الباحة لايدفنون الذكور مع الاناث في مقابرهم تلك، وعادة ماكان رجال القرية يتولون بأنفسهم عملية حفر القبور ودفن موتاهم، على عكس المدن التى يتولى عملية الدفن بها أناس متخصصون[2].

وعموما فإن المناطق السعودية غنية بالعادات الجنائزية التي تختلف في شكلياتها من منطقة لأخرى وان اتفقت في أساسياتها كونها شعائر دينية لايمكن تجاوزها بأية حال.

والجدير بالذكر هنا أن مهرجان الجنادرية لايقدم ضمن أنشطته فيما يخص العادات أيا من تلك التقاليد الجنائزية نظرا لخصوصيتها وقداستها والتصاقها بطابع

---

(1) سعيد فالح الغامدي، م.س، ص 249-250.

(2) في مدينة جدة على سبيل المثال كان (القبوري) لقب يطلق على كل من يمتهن عملية دفن الموتى، أنظر المرجع السابق ص 247.

الحزن وسماته، وهو أمر لا يتلائم مع الهدف العام الذي أعدت لأجله أنشطة المهرجان.

عادات الطب الشعبي

إلى عهد قريب لم تكن الخدمة الصحية الحديثة قد أخذت مكانتها الكاملة في المجتمع السعودي، حيث كان الطب الشعبي هو الأساس الذي يعتمد عليه في العلاج إلى جانب العلاجات الروحانية[1].

ويمثل الطب الشعبي جميع الممارسات التقليدية المتعلقة بالطبابة مثل استخدام الأدوية الشعبية والنباتات والأعشاب والأغذية في علاج الأمراض، بالإضافة إلى بعض الممارسات مثل الكي والحجامة[2] وغيرها، سواء تم ذلك عن طريق طبيب شعبي أوبواسطة ربة المنزل أو آخرين.

وفيما يلي استعراضا لبعض العادات العلاجية التى كانت تمارس في المجتمع السعودي بشكل كبير:

1- الكي أو الوسم: حيث يعتبر الكي بالنار أو الوسم من أقدم الممارسيات التقليدية في علاج الأمراض. والوسم أثر الكي الذي يطبع ويبقى على سطح الجلد في المكان الذي تعرض للكي باستخدام (الميسم) وهو من أدوات الوسم في المجتمع السعودي كالمطرق. والمنجل، والحلقة[3].

وبالرغم من التقدم الطبي الكبير الذي طرأ على المجتمع السعودي إلا أن أسلوب الكي لازال محافظا عليه لدى البعض كأسلوب من أساليب الطب الشعبي. ومن أكثر الأمراض التي كان الكي علاجا ناجعا لها، آلام البطن، واليرقان، وتساقط

(1) كاستخدام الحجب والتمائم أو الشعوذه، وسيرد ذكرها لاحقا.

(2) ورد ذكر العلاج بالكي في كتب الطب النبوي، أنظر مثلا كتاب زاد المعاد في هدى خير العباد، مؤسسة الرسالة، بيروت، 1985م.

(3) محمد عباس، الطب الشعبي والمعتقدات الشعبية، مؤسسة العين للنشر، الامارات 1989م، ص 67.

الشعر، والحمى، اضافة لاضطرابات الجهاز الهضمي والصداع والام البطن وحالات البرد[1] وغيرها.

2-**الحجامة أو الفصد**: ويقصد بالحجامة تحويل الاحتقان الدموي أو التخلص من الدم الزائد أو الفاسد كما كان يعتقد. وكانت تستعمل لهذه الغاية قرون الحيوانات بوضع الطرف العريض من القرن على جلد الجسم بحيث يمتص الهواء من الجزء الضيق بواسطة الفم. ويحتقن الدم تحت القرن، ومع تكرار العملية والتشريط بالموسى يحصل المطبب على الدم الصافي بعد زوال الدم الفاسد، وقد تم استبدال القرون بكؤوس زجاجية خاصة[2]. وعادة مايمارس هذه العملية أهل اختصاص يسمون (الحجامين) وعادة ماكانت الحجامة تستخدم لتنشيط الجسم عن طريق التخلص من الدم الفاسد وللصحة العامة.

3-**الأحجبة (التمائم)**: ويقصد بالأحجبة استخدام الآيات القرآنية عن طريق كتابتها على رقاع جلدية أو معدنية صغيره غية التخلص من مرض ما، أو لطرد الجان أو ابعاد الحسد والعين، وعادة مايقوم بعمل هذه الطريقة فئتين:

الفئة الأولى: وتشمل المتدينين المستنيرين الذين يتبعون هدي القرآن والسنة وهم عادة ما يتلون الآيات القرآنية على المريض اقتداء بالرسول عليه الصلاة والسلام.

أما الفئة الثانية: فهي تشمل بعض المشعوذين أو الدجالين الذين كانوا يستغلون جهل البعض وانخفاض مستوى الوعي الديني ليهم، حيث يقومون باستخدام

(1) محمد بدر الدين الزيتوني، الطب الشعبي والتداوي بالأعشاب، سوريا، دمشق 1986م   ص 48.
(2) المرجع السابق، ص 51.

رموز وطلاسم لاتمت للدين بشيء تعلق على صدور المرضى بدعوى الشفاء، وعادة مايتقاضون أجرا ماديا مقابل هذا الأمر[1].

4-العطارة: الى عهد قريب كانت مهنة العطارة هي المهنة الطبية الأكثر شيوعا في المجتمع السعودي، وكانت الأعشاب بكافة أشكالها وأنواعها هي الدواء الشافي والمعافي، وكان لكل قرية أو بلدة عاداتها ووصفاتها الدوائية في علاج الأمراض.

ومن تلك الأماكن على سبيل المثال كانت مدينة جدة في المنطقة الغربية، حيث كانت العطارة فيها مهنة متجددة، وكان أشهر العطّارة في جدة القديمة يعتمدون على بعض التجار الموزعين للأعشاب في الحصول على مختلف أصنافها، ومن أشهر مروجي الأعشاب المختلفة من مدينة بومبي الهندية حيث كانت من أكبر أسواق العطارة. وكان العطّارة في كثير من الأحيان يرتحلون لطلب العطارة في أشهر مواقعها في الهند أو في البلاد العربية المحيطة كمصر والسودان وبلاد الشام[2].

ومن أبرز الوصفات الشعبية التي شاع استخدامها قديما (شربة السنا) وتتكون من العناب والخروب والزبيب الهندي والكزبرة والورد التين وزهرة النوفل وزهر البنفسج[3]، وكانت تلك الأعشاب تغلى وتوصف لعلاج أمراض المعدة بشكل عام.

أما المغص فكان يوصف له اليانسون والهيل الحبشي- والكراوية. ولارتفاع درجة الحرارة يوصف الخروب والكزبرة الناشفة وزهرة لسان الثور. ولإلتهاب

---

(1) عبدالرحمن مصيقر، استخدام الطب الشعبي في دول الخليج، مجلة المأثورات الشعبية، السنة 11 العدد 42 ابريل، مركز التراث الشعبي لمجلس التعاون الخليجي الدوحة 1996 ص 101-103.

(2) عبدالعزيز عمر أبو زيد، العطارة والطب الشعبي، المرجع السابق ص 85 .

(3) أسماء لأعشاب ونباتات درج على استخدامها كوصفات شعبية للعلاج، وتختلف مسمياتها حسب المنطقة.

الأذن أستخدم زيت اللوز المر، وماء البصل المحروق الذي كان يقطر في اذن المصاب، أما زيت اللوز الحلو فقد أستخدم لالتهاب وحساسية الأنف[1]. ولالتهاب الغدد فقد كان العطار يصف عنب الثعلب والفلفل الأسود ورماد الفحم الذي يخلط بزيت السمسم ويشكل بذلك (لبخة) على رقبة المريض[2] إلى جانب وصفات كثيرة أخرى يطول وصفها وتعدادها.

ومن ضمن المهن الطبية الشعبية التي عرفت في المنطقة الغربية أيضا إلى جانب العطارة مهنة الداية[3] وكانت رفيقة العطّار في مسيرة الطب الشعبي، فهي مولدة الحارة وطبيبة النساء والأطفال في منطقتها وغالبا مكانت تورث تلك الداية احدى بناتها حفظ الوصفات الطبية التي تعرفها حتى تبقى من بعدها[4].

أما في منطقة نجد كمثال آخر فقد أشتهر العلاج بالكي إلى جانب الوصفات الطبية العشبية، وكان استخدام الكي أمرا مألوفا ومتعارفا عليه في تلك المنطقة، ومن أبرز الأمراض التي كان الكي علاجا ناجعا لها:

مرض (اللجوة). واللجوة من أمراض البطن القديمة. وينشأ هذا المرض نتيجة أكل اللحم النيء أو العجين بصفة خاصة، نتيجة الجوع أو غيره. وكانت طريقة العلاج تتم بالكي بواسطة النار على موضع خاص بالبطن إلى جانب اتباع نظام غذائي دقيق، يشتمل على الامتناع عن الاتصال بالنساء، وأن يتناول لحم الخروف المخصي فقط، واستخدام السمن البري دون غيره، وكذلك استعمال دقيق

(1) عبدالعزيز أبو زيد. العطارة والطب، م.س.، ص 87.
(2) عبدالعزيز أبو زيد. المرجع السابق ص 86 وللمزيد أنظر كتاب أيمن الحسيني، الوصفات الشعبية، دار الطلائع القاهرة 1992.
(3) لم تعد هذه المهنة قائمه اذ انتهت جراء توفر الخدمات الصحية الحديثة وانتشار الوعي الصحي.
(4) عبد العزيز أبو زيد، مجلة المأثورات الشعبية، م.س، ص 95 .

البر الخالص، وكانت الأعراض تعود للمريض اذا أخل بشرط من تلك الشروط السابقه إلى أن يعود فيلتزم بها ليتماثل للشفاء[1].

مرض (الشقراء)، وهو مرض خطير يخرج على هيئة قرحة في باطن القدم أو على ظهرها، حيث تكوى القدم بطريقة خاصة وعلى عرق معين يعرفه الطبيب الشعبي ذو الخبرة.

مرض العنكبوت، وهو نوع من الأورام ويشبه مرض الشقراء إلا انه أخف منه. ويصيب عادة اليد، وعلاجه يتم بكي عرق معين من عروق اليد.

مرض (الوشرة)، وهو مرض يصيب الرأس، وكانت طريقة علاجه تتم بتغطية رأس المريض بالعجين، واذا ما جف جزء من هذه العجينة كوي مكانه، حيث كان يعتقد بأن المكان الذي يجف بسرعة هو مكان الاصابه وأن الألم يخرج حرارة في ذلك المكان مما يعجل في تيبس العجينة. ويزعم العوام بأن مرض الوشرة كان ينتج عن فتق صغير بالرأس وكان تشخيصه يتم بتلك الطريقة[2].

مرض (البلش)، وهو من الأمراض التي كانت سائدة في المجتمع سابقا، حيث فتك بالعديد من الناس في الماضي، بسبب عدم توفر الأطباء وللجهل الذي كان سائدا آنذاك. وكان هذا المرض يظهر على هيئة قروح على جسم المريض تشتد وتتضاعف وينتج عن الاغتسال أو الشرب من الأماكن النجسة أو الآسنة،

(1) محمد عبد العزيز القويعي، تراث الأجداد، م. س، ص 139.

(2) محمد القويعي، المرجع السابق ص 140، 141.

وكان علاجه يعتمد على عشبة برية تظهر في فصل الربيع تدعى (العلقة) حيث يشرب المريض من منقوعها ويغتسل أيض[1].

مرض الزرد، وهو مرض يصيب الحيوانات الحمير والأبقار بصورة خاصة. حيث تعالج الأبقار عن طريق كيها في مكان معين في الحلق، أما الحمير فيسمى مرضها باسم (المفصة) وكان يعالج ببعض التصلية بالنار الخفيفة على بطنه.

مرض اللكمة: واللكمة كثيرا ماكانت تصيب الأصبع الأصغر في القدم، وكانت الاصابة تنتج عن ارتطام القدم بحجر أو ماشابه، الأمر الذي يؤخر من شفاءها. وعادة ما يكون المصاب بتلك اللكمة متألما فاقدا لنشاطه، وكان علاجه يعتمد على ربط الأصبع المصاب مع الأصبع الذي يجاوره بربطة جلدية خاصة تعد لهذا الغرض[2].

وفي المنطقة الجنوبية وتحديد في منطقة عسير التي حباها الله من الخضرة وجمال الطبيعة الشيء الكثير، عرف الأهالي الكثير من الأعشاب الطبية التي انبتتها الأرض. والتي كانت تستخدم كوصفات علاجية لسنين طوال قبل التطور الكبير الذي طرأ على قطاع الصحة في تلك المنطقة مؤخرا، وان كان بعض الأهالي يمارسون التطبب إلى هذه الساعة اعتمادا على بعض الأنواع من تلك الأعشاب التي أثبتت التجربة فعاليتها الطبية وتأثيرها الناجع، ومن تلك الأعشاب والنباتات:

---

(1) عادة ماكان ذلك المرض يصيب أهل البادية على وجه التحديد نتيجة ندرة المياه الصالحة للشرب أو الإغتسال. أنظر المرجع السابق ص 142.
(2) المرجع نفسه، ص 147.

الأثل: وينبت في السهول والمنخفضات، وكان يستعمل قديما كلبخة توضع على الرأس لعلاج الام الصداع ولخفض درجة الحرارة[1].

البردقوش: ويزرع في حدائق المنازل، ويستعمل مغلي أوراقه وأزهاره في علاج أمراض الإمساك والبرد.

برك فاطمة: وهو من النباتات التي تنبت في المرتفعات وتتميز برائحتها الزكية. حيث تجفف أوراقه اعتمادا على الشمس ثم تسحق ويوضع القليل منها على الجروح فتشفى بإذن الله.

البن: وهو شجر يزرع أو ينبت في المدرجات وعلى سفوح الجبال، ويستعمل ثمره (كقهوة) أما قشره فيستعمل كمشروب يفيد في علاج البرد ووجع الأسنان والحمى[2].

الحبة السوداء: وتنبت في الأماكن السهلية، ويستعمل خلاصة مغلي بذورها في علاج أمراض المغص وفي الاضطرابات العصبية[3].

الحلتيته: وتزرع هذه النبتة في السهول والمنخفضات في عسير، وتستعمل خلاصة مغلى الحلتيته لعلاج المغص خاصة عند الأطفال كذلك للمساعدة على تخفيف التوتر عند الكبار.

---

(1) عبد الله سالم موسى القحطاني، التراث الشعبي في عسير، مكتبة الملك فهد، الرياض 1996 ص447.

(2) المرجع السابق أنظر ص 450.

(3) المرجع نفسه، ص 452.

الشذاب: وينبت في الجبال ويزرع أحيانا في حدائق المنازل، وتستعمل أوراقه بعد هرسها لعلاج لدغ الأفاعي والعقارب والصداع والام الأذن والأورام حيث يوضع الورق على المكان المصاب[1].

وإلى جانب ماذكرت فإن هنالك العشرات من مسميات النباتات الطبية التى عرفها السعوديون وتطببوا بها عبر تاريخهم الماضي والحافل بالعبر والأحداث والتجارب ليس هذا مكان لحصرها[2].

وفي السوق الشعبي للجنادرية يمكن مشاهدة محل العطارة التقليدي، إلا أن الممارسات الطبية الشعبية ليس لها متسعا ضمن مايعرض من أنشطة ولعلها تضاف إلى الانشطة الأخرى في سنوات لاحقة.

(1) المرجع نفسه، ص 161، وكذلك أنظر كتاب أيمن الحسيني، الوصفات الشعبية، وهو مرجع سبق ذكره.

(2) وللمزيد من المعلومات حول الأعشاب الطبية أنظر كتاب، وينتر غريفيث، تعريب مركز التعريب والبرمجة، الفيتامينات والأعشاب والمكملات الغذائية، الصادر عن الدار العربية للعلوم، بيروت 2000م.

العادات الغذائية

يتميز المجتمع السعودي كغيره من المجتمعات بخصوصيات وعادات عدة لعل من أبرزها العـادات الغذائية وأعني بها تحديد نوعية الغذاء والمأكل إلى جانب آداب الطعام والـولائم، وقد اتفقت الباديـة والحاضرة السعودية بشكل عام على آداب متعارف عليها في هذا الجانب منها:

- بعد أن يقدم الطعام، لا يتقدم المدعوون إلى الوليمة قبل أن يؤذن لهم من قبل الداعي.

- يكون الضيف أو كبير السن متقدما صدر المائدة.

- أحيانا يجلس الداعي الى جانب الضيوف ليقوم بخدمتهم كتقطيع اللحم لهـم أو تقـديم بعـض الأطعمة.

- لايبدأ الضيوف بتناول اللحم مباشرة اذا كان على المائدة أصنافا أخرى كالأرز وخلافه.

- لا يقوم الداعي عن المأدبة قبل أن يقوم جميع الضيوف ويفرغوا من تناول طعامهم.

- يقوم الأطفال أو بعض الأقرباء والجيران بالعادة بتقديم الخدمة للضيوف ومساعدة رب الدار في ضيافة زواره، ويكون الجميع وقوفا متحلقين حول الضيوف.

- في بعض الأحيان يقدم (وعاء) للغسل يطـاف بـه عـلى الضيوف بعـد تناول الطعـام ليغسـلوا ايديهم وعند البعض تغسل اليد اليمنى فقط التي تم تناول الطعام بها.

- قبل تناول الطعام يقوم الـداعي بالترحيب وتقديم الضيوف الى سـفرته وبعد تناولـه يقوم الضيوف بترداد عبارات الثناء ك أكرمكم اللـه، سفرة دائمة، كثر اللـه خيركم، الخ.

- بعد الوليمة يغادر البعض ويجلس البعض لاحتساء الشاي والقهوة، وعندما يقدم بخور (العود) ويدار في المجلس يغادر الجميع وهناك مثلا يقول (مابعد العود قعود).

- اذا كان الضيف قادما من مكان بعيد، فعليه أن يلبي دعـوات الحاضرين تباعـا وهـو مايسمى (الدايرة) حيث يبقى الضيف إلى أن يلبي دعوة الجميع[1].

وتختلف نوعية المأكل في المجتمـع السـعودي مـن منطقـة إلى أخـرى، فهنـاك مجتمعـات الباديـة، ومجتمعات السواحل، ومجتمعات الحضر، والريـف وغيـره. وقد أشتهرت كـل منطقـة بأكلاتها الخاصـة والمميزة التي تقدم عادة في المناسبات العامة والخاصة، أو التي يتم تناولها يوميا بشكل عام.

وفيما يلي استعراضا لبعض أنواع تلك المأكولات والأطعمة:

1-المنطقة الشمالية:

- التمطاج أو المطرية: وتنسب إلى المطر، وهي أكلة شتوية تؤكل عادة بعد هطول المطر، وتتكون من الكمأ (الفقع) والحمص واللوبيا والجريش. يرش عليها دقيق (السـمح)[2] وتقـدم مطعمـة بقليـل مـن السمن البري.

(1) عباس محمد زيد العيسى، موسوعة التراث الشعبي في المملكة العربية السعودية، المأكل والمشرب، وكالة الآثار والمتاحف، ج 5 الرياض 1998 ص 15.
(2) السمح من بذور (الكعبر) وهو نبات صحراوي ينبت في أرض (بسيطا) جنوب غرب المنطقة.

- **الخوفة:** وتصنع من جريش البر أو (التمن) وتطهى مع القرع والباذنجان أو اللوبيا والفلفل الحار. وهي أكلة سائلة نسبيا ترتشف بواسطة الأصابع وتأكلها النساء اثناء اجتمتعاتهن.

- **المقشوش:** ويتكون من رقائق خبز البر المخبوز على الصاج المقعر المدهون بالودك (شحم الغنم)، بعد خبزه يشرب بمرق مكون من الطماطم والباذنجان والعدس، ويرش بالبهارات، وهذه الأكلة شبيهة بأكلة (القرصان) في المنطقة الوسطى، وسيأتي ذكرها لاحقا[1].

- **الثريد أو (الدفينة):** وهي من الأكلات المفضلة لدى سكان الشمال خاصة الجوف، وهي تتكون من الخبز المنضد بعضه فوق بعض والذي يضاف عليه اللحم ويغرق بالمرق حتى يتشرب، ويضيف عليه البعض أنواعا من الخضار كالقرع والباذنجان واللوبيا وغيرها.

- **العوامة:** وهي عبارة عن قطع من العجين توضع في السمن الحار حتى تنضج ثم تخرج، و يوضع عليها السكر المذاب في الماء. وهي نوع من الحلوى التي كانت تقدم في ليالي شهر رمضان[2].

- **الجريش:** وهي من الأكلات الشعبية الدارجة في المنطقة، وتتكون من دقيق يطهى في الماء ثم يضاف إليه السمن الممزوج بمريس البقل، وكانت هذه الأكلة في الماضي تقوم مقام الأرز قبل أن يعرفه السكان المحليون[3].

---

(1) عباس محمد زيد العيسى ج5، م. س، ص 16.

(2) صالح حماد العنزي، الحياة الاجتماعية في منطقة الجوف، م. س، ص 96،97.

(3) نوف نواف الراشد، نساء الجوف والتراث الشعبي، مطابع اليمامة، الرياض 1421، ص 32.

وبالاضافة لذلك فقدعرفت المنطقة الشمالية العديد من المأكولات الوافدة من بلاد الشام وفلسطين نتيجة التجاور والتواصل التجاري والاجتماعي تعددت أشكالها وصفاتها ومناسبات تقديمها.

2- المنطقة الجنوبية:

- **المعصوب:** ويصنع من خبز الذرة التنوري، حيث يهرس ويصب فوقه المرق، ويقدم في المناسبات، وأحيانا يصنع من رقائق العجين التي تهرس بالأيدي وهي ساخنة، فتصبح كتلة واحده حيث يصب بجوانبها السمن والعسل.

- **العصيدة:** وهي تصنع من عجينة الذرة الخضراء المطبوخة مع اللبن، وبعد أن تنضج كانت تقدم محلاة بالعسل ومغمورة بالسمن، وهي من أنواع الحلوى التي اشتهرت في مناطق الجنوب.

- **الدغابيس:** وتعمل من عجينة البر أو الشعير، حيث تقطع قطعا صغيرة ثم تفرد على شكل أقراص دائرية صغيرة، ثم توضع في قدر يطبق فيه المرق وبعد استواءها تؤخذ الأقراص بين الأصابع وتضغط، ثم تغرف بالمرق لأكلها[1].

- **الحويسة:** وهي من الشعير، حيث يقلى الشعير وهو لين ثم يوضع في الشمس حتى يجف. وبعد ذلك يوضع في اناء ويصب فوقه الماء المغلي ويحرك جيدا حتى يصبح جاهزا للأكل.

---

(1) عباس محمد زيد العيسى ج5، م.س، ص18، 19

- **الحميسة:** وهي مازاد من لحوم الأضاحي، حيث يقطع اللحم قطعا صغيرة ويطبخ ثم يترك حتى يجف، وبعدها يضاف إليه الملح[1]. وهو يخزن ويؤخذ منه في كل وجبة قدر الحاجة.

- **الوفد:** وهو من البر (القمح) حيث يوضع بعد خبزه في اناء ثم يضغط بواسطة اليد حتى يصبح كالكرة، ثم يوضع في آنية من خوص تسمى (مطرح) ويقدم ومعه اناء به مرق. وهذه الأكلة شائعة الانتشار في المناسبات وبشكل عام في الجنوب.

- **المرضوفة:** وتصنع من البر، وتعمل على طريقة الوفد ويفتح المزيج ليوضع في وسطه السمن. الا أنه يوضع في وسط السمن قطعة حجرية ساخنة جدا، ويغطى الاناء الحافظ باحكام، حيث تقدم للأكل. ويقوم من يفتح الغطاء عن هذه الأكلة باستنشاق أبخرتها قبل أكلها، وعادة ماتقدم هذه الوجبة عندما يكون أحد الأشخاص مصابا بنزلة برد أو التهاب بالحنجرة[2].

كما أن هناك العديد من المأكولات التى تزخر بها المنطقة والتى لايتسع المجال لذكرها هنا.

3-المنطقة الوسطى:

- **المثلوث:** وهي اكلة قديمة من الأكلات الشعبية في نجد، وهي نوع من العصيد الذي يتألف من البر والدخن والذرة، وقد سميت بهذا الاسم لأن طهاتها يقسمون مقاديرها الى، ثلث من البر، وثلث من الدخن، وثلث من الذره.

---

(1) عرفت هذه الطريقة قبل ظهور الثلاجات، وكانت تستخدم لحفظ اللحوم باستخدام الملح.

(2) صالح بن محمد بن جابر آل مريح، نجران، م.س، ص 111، 112.

- **الكليجا:** وهي من أشهر الاكلات في منطقة القصيم تحديدا، وتتكون من الدقيق والبيض والسكر، وقد اشتهرت هذه الاكلة بكونها غير معرضة للتلف السريع لذا فقد استخدمت كزوادة للمسافرين. والكليجا تشبه الى حد كبير مايسمى حاليا (البسكويت).

- **الحنيني:** وهي أكلة تتكون من الدقيق والبر والسمن. ولها تسمية أخرى عند البعض وهي (الفريك) والمعنى واحد.

- **المخامير:** وهي من الأكلات الشعبية حالية المذاق، وتشبه تلك التى سبق الاشارة اليها في اكلات المنطقة الشمالية (العوامة) أو (المراصيع) أو مايعرف حاليا باللقيمات[1].

- **القرصان:** ويصنع القرصان من رقائق عجين البر وتخبز فوق الحديد المقعر[2]، حيث تؤخذ الرقائق المخبوزة وتكسر في إناء ويصب عليها المرق المطبوخ مع القرع والباذنجان أو اللوبيا وقطع صغيرة من اللحم أوالكمأ (الفقع).

- **المرقوق:** ويصنع من رقائق عجين البر الصماء، ويطبخ مع الباذنجان أو اللوبيا أو (الفقع) ويضاف إليه اللحم المجفف (القفر)، وغالبا مايؤكل المرقوق في فصل الشتاء.

- **العصيد أو العصيدة الحمراء:** وهو يتكون من عيش الدخن الذي يلت بطحين الذرة مع التحريك المستمر بواسطة عصا خشبية تسمى (المعصاد أو المسواط).

---

(1) محمد عبدالعزيز القويعي، م.س، ص 136، 137.
(2) وتشبه هذه الأكلة (المقشوش) التي سبقت الاشارة اليها ضمن أكلات المنطقة الشمالية.

- **القرص أو المجمار:** وهو عبارة عن قرص سميك يصنع من عجين دقيق البر، ويوضع في الملا (وهي بقايانار الحطب) حيث يدفن بداخلها حتى ينضج وينظف من الرماد ويقطع قطعا صغيرة ويفرك بالسمن والبصل ثم يقدم للأكل[1].

4- المنطقة الغربية:

تنفرد الأكلات الشعبية في المنطقة الغربية عن المناطق الأخرى بتنوعها وتعدد عناصرها الغذائية المتكاملة، وتتمثل في الأكلات الرئيسية والحلويات والمشروبات والسلطات، وتدل بعض مسميات تلك الأكلات على أنها قد أخذت عن حجاج العالم الإسلامي ثم تعلمها أهل المنطقة وبرعوا في اعدادها، حيث اصبحت مع مرور الوقت من الاكلات الشعبية التي تعدت حدود المنطقة إلى مناطق أخرى[2]، كأكلة السليق، والصيادية، والمنتو، واليغمش والرز البخاري، والبرياني وغيره.

وتتكون الوجبات الرئيسية في المنطقة الغربية من:

الافطار: ويتكون من الفول والعسل والبيض والكعك والاجبان والزيتون.

الغداء: يتكون من اللحوم أو الاسماك والخضار والأرز (الابيض) والسلطات.

العشاء: ويتكون من الفاكهة والمطبق والطعمية (المقلية) اضافة للفول والبيض والحلاوة الطحينية.

أما عن مسميات الأكلات وأنواعها فمنها:

السليق: وهو الأرز المطهو بالحليب وعادة مايقدم على وجبة العشاء وهو طعام خفيف الهضم.

---

(1) عباس محمد العيسى ج5، م.س، ص 20، 21.

(2) عباس محمد العيسى ج5، م. س ص 22.

الأرز البخاري: وينسب الى بخارى، وقد جاء مع الحجيج الروس وعادة مايقدم مع اللحم[1].

الأرز البرياني (الزربيان): وهو هندي المنشأ، ويقدم مع الفلفل والزعفران واللحم.

الكوزي: وهو عبارة عن خروف مقلي ومحمر يقدم مع الأرز، ويكون محشوا ببعض المكسرات.

المندي: وهو خروف مشوي بالمندات (وهو زير من الفخار)[2] دون أن تمسه النار، حيث يطبخ مع الأرز ويكتسب طعما مميزا جراء الضغط داخل جرة الفخار.

الأرز الكابلي: ومنشأه مدينة كابل الأفغانية، وعادة مايقدم على الغداء وفي المناسبات العامة ويطبخ مع اللحم.

- **الصيادية:** وهو عبارة عن أرز يحمر بالبصل والزيت ويطهى على ماء السمك، ثم يقدم ويوضع عليه السمك بعد خلطه بالبهارات[3].

5- المنطقة الشرقية:

-**القاورمة:** وهي أكلة شعبية، تتكون من اللحم المقلي مع البصل، الذي يرش عليه الماء. يوضع عليه الألو (وهي ثمرة مجففة من فصيلة المشمش)

---

(1) تأخذ الكثير من الأكلات في المنطقة الغربية مسمياتها من بلد المنشأ كالبخاري والكابلي الخ.

(2) عباس محمد العيسى ج5، م.س، ص 23.

(3) محمد أحمد الرويثي، الوجه، الرئاسه العامة لرعاية الشباب، الرياض 1994، ص 174.

وكذلك البيدان (وهو مايسمى باللوز الشامي) ويضاف اليه القليل من الصبار (التمر الهندي الحامض) وشيء من السكر ويطبخ حتى ينضج.

- **القيمة**: وطريقة طبخها أن ينقع الحمص المجروش بالماء أولا حتى يلين، وبعد قلي الماء مع البصل يضاف اليه الحمص ويمرق مع لب الليمون العماني وشي من البهارات حتى ينضج.

- **البراك**: وهي تسمية محلية لما يعرف بالدولمة في العراق، ولها أسماء مختلفة وطريقة صنعها هي طريقة صنع المحشي، وهو مايعرف بورق العنب [1].

- **رز الحسا**: ويصنع من أرز ينبت في منطقة الاحساء المحلية (المكبوس) ويقدم مع اللحم.

- **الهريسة**: وتعمل عادة من حب البر، وهي تطبخ مع اللحم. وهذه الطبخة تحتاج الى وقت طويل لطهيها على النار، وهي من أكلات شهر رمضان المبارك.

- **المطفي**: وهي أكلة بحرية تتكون أساسا من السمك المقلي، والذي يغلى بالماء ليعمل منه مرقا يقدم الى جانب السمك وماتيسر من طعام [2].

وعموما فقد كان ذلك سردا لبعض أنواع الأكلات التى عرفت ولازال بعضها معروفا ومنتشرا حتى يومنا هذا في المجتمع السعودي المحلي، وهي كما لاحظنا تتشابه وتختلف تبعا للمنطقة وجغرافيتها وظروفها. والحديث عن العادات الغذائية

(1) محمد سعيد المسلم، م.س، ص 124، 125.
(2) عباس محمد العيسى ج5، م.س، ص 24.

طويل ومشوق نظرا لتنوعها وغرائبيتها[1] في بعض الأحيان وهي تحتاج إلى بحث خاص بها، ولكنني

آثرت ايراد بعض النماذج هنا لتتحقق الفائدة وحسب.

---

(1) هناك أكلات شعبية تدخل أحياء الصحاري في تكوينها كالضب والجراد واليرابيع وغيرها.

عادات الأزياء

كغيره من المجتمعات امتاز المجتمع السعودي بأزياءه الخاصة التي كان يرتديها الرجال والنساء والأطفال، وهي أزياء ذات أشكال وانواع مختلفة تتفاوت في وصفها من منطقة الى أخرى، وحسب ظروف وعادات كل جهة أو ناحية. وقد اتصفت الملبوسات بشكل عام بميلها نحو الحشمة وبملائمتها لظروف البيئة، وكان لكل قرية أو بلدة أزياءها الخاصة والتي تصنع محليا بواسطة ربات البيوت أو بواسطة من امتهن مهنة الخياطة للتكسب[1].

ونظرا لصعوبة حصر أنواع واعداد تلك الأزياء فإنني سأتحدث عن الأزياء في منطقة نجد وعن زي المرأة على وجه الخصوص كأنموذج لما كان عليه الوضع بشكل عام في المجتمع السعودي:

أولا: الدراعة (المقطع)[2]:

وهو اللباس التقليدي للمرأة النجدية، وهو عبارة عن زي فضفاض يصل طوله حتى الكعبين وله أكمام طويله، وهو يشبه ثوب الرجل الذي يستخدم في هذه الأيام. وتتكون الدراعة من:

- **البدن:** وهي قطعة مستطيلة بعرض الأكتاف وطولها من الكتف حتى القدمين وتتكون من قطعتين من القماش أمامية وخلفية[3].

(1) صالح حماد العنزي، الحياة الاجتماعية في الجوف. م.س.، ص 101.

(2) خالد محمد السالم، الجنادرية، م.س، ص 235.

(3) ليلى صالح البسام، التراث التقليدي لملابس النساء في نجد، مركز التراث الشعبي لدول الخليج الدوحة 1985ص71.

- **البَنيقة:** وتوجدعلى جانبي (البدن) وتقوم باعطاء المقطع الاتساع اللازم، وهـي تبـدأ ضـيقة مـن الأعلى وتتسع نحو الأسفل حتى نهاية (المقطع).

- **الأكمام:** وتكون طويلة وتتصل من تحت الابط بقطعة مربعة مـن القـماش تـدعى (التخراصـة) وتبدأ بالانحسار في اتساعها حتى الرسغ.

- **فتحة الرقبة:** (الجيب) وفتحة الرقبة في المقطع عبارة عن حرده دائريـة صـغيرة تحـدث في أعـلى الجزء الأمامي من (البدن) عند المنتصف، أما الخلفي فيبقى مستقيما ولاتعمل حردة للرقبة من الخلف[1].

- **المخباة:** او مايعرف حاليا باسم الجيب، وهي قطعة مستطيلة الشكل تثبت في (البنيقة) وتكـون بالعادة في الجهة اليمنى، وهي لحفظ الأغراض الشخصية.

- **الخبنة:** وهي عبارة عن كسرة داخلية غير ظاهرة، وتكـون في منطقـة مـافوق الـركبتين. وللخبنـة عدة وظائف منها انها تفك في حالة تلف جزء من المقطع وتعوض بدلا عنـه، او لتطويـل المقطـع في حالـة نموالفتاة الصغيرة وازدياد طولها، وكذلك للتقصير في حالة الطول[2].

ثانيا: الثوب

ويسمى ثوب فـرح، ويلـبس فـوق الدراعـة خصوصـا في الأفـراح والناسـبات، وهـو ملبـوس العجـائز بإستمرار ويكون من اللون الأسود بالعادة[3]، وهو يتكون من نفس الأجزاء التي يتكون منها المقطع، الا انه يتصف بالاتساع الشديد ممايجعله مربع

---

(1) وهي منطقة الصدر، وقد عرفت في نجد بإسم الجيب، وهي تسمية عربية فصيحة وردت في القرآن الكريم قال تعالى: ﴿ وليضربن بخمرهن علىٰ جيوبهن ﴾ [سورة النور، أية 31].

(2) ليلى صالح البسام، التراث التقليدي لملابس النساء في نجد، م.س.، ص72-74.

(3) خالد محمد السالم، م.س، ص 235.

الشكل، واحيانا يزيد اتساعه فيظهر بشكل مستطيل، ومن أسماءه (الهدفة) و(الخبة) و(السحبة)[1].

أما الغرض من اتساع الثوب فهو لإسباب عدة منها:

- انه يلبس فوق ملابس أخرى.

- المحافظة على التستر وعدم ظهور تفاصيل الجسم، مع تأمين حرية الحركة، خاصة وان الثوب كان يقوم مقام العباءة التى ترتدى في الوقت الحالي، فالمرأة عادة ماكانت تعيش مع أهل زوجها ممن يحرم عليهم رؤيتها حسب الشريعة الإسلامية. أو أنها كانت تعمل أحيانا في الحقول أو في جمع الحطب، وخلاف ذلك من أعمال مضنية.

- ملائمته للجو الحار الذي تتصف به جزيرة العرب بوجه عام ونجد على وجه الخصوص[2].

ثالثا: البخنق

وهو عبارة عن غطاء للرأس يمتد إلى أسفل الظهر ويكون مطرزا بالخيوط اللامعة وهو ملبوس للفتيات اللاتي لم يتزوجن بعد[3].

---

(1) ليلى صالح البسام، م.س، ص 77.

(2) المرجع نفسه، ص 78.

(3) عرف (البخنق) بهذا الإسم في منطقة نجد وفي القصيم على وجه التحديد.

رابعا: الملفع:

وهو نوع من انواع الحجاب، تستعمله النساء المتزوجات، ويكون من القماش الأسـود، يتحجـبن بـه، حيث تغطي به المرأة رقبتها وجزءا من صدرها، ولاتزال بعض النسوة يستعملنه إلى حاليا[1].

خامسا: العباءة (البشت)

وهو من الملابس المخصصة لخروج المرأة، وترتديه حرصا منها على الا تبدي زينتها للأغراب، وبما يتماشى مع عفة المرأة وحياءها ودينها. حتى انها ترتدي هذا اللباس فوق ثياب الزينة اثناء خروجها لمناسبة ما، وتخلعه اذا وصلت ذلك المكان، وهي كذلك تحمل معها خلاخيلها وأساورها وخلافها من الزينة ولاترتديها الا بعد وصولها أيضا، حتى لايصدر عنها أي صوت أو يرى زينتها غريب أثناء مشيها في الطريق، وترفع المرأة أكمام (ثوب السوق) على رأسها وتغطي وجهها، امتثالا لأمر اللـه في الآية الكريمة: (يا أيها النبي قل لأزواجك وبناتك ونساء المؤمنين يدنين عليهن من جلابيبهن ذلك أدنى أن يعرفن فلا يؤذين وكان اللـه غفورا رحيما)الأحزاب: ٥٩

والعباءة رداء طويل، فضفاض، مستطيل الشكل، مفتوح من الأمام، وتكون عادة مـن قـماش قطنـي سميك - عكس عباءات الحرير التى تُلبس حاليا - ذات لون أسود أو أخضر غامق، وعـادة مـاتزين بـبعض الخيوط الذهبية اللامعة (الزري)(2). أو تترك سادة بلا تطريز أو زينة.

---

(1) خالد محمد السالم، م.س، ص 235.

(2) ليلى صالح البسام، م.س ص 86، 87.

سادسا: المرشّدة

وهي نوع من العبي النسائية القديمة الفاخرة والطرزة بخيوط الذهب (الزري)، وهـي مـن الأزيـاء النسائية الهامة، وكانت أهم مايدفع مع جهاز العروس، ونظرا لكونها غالية الثمن فقد اقتصر امتلاكها على الأغنياء فقط[1]، وتسمى ايضا (الماهود) و(الدفة)[2].

سابعا: لباس الصلاة

كانت المرأة النجدية تخصص ثوبا للصلاة لضمان الطهارة، وتخصص في الشتاء مقطعا أيضا لترتديه تحت هذا الثوب. ويصنع ثوب الصلاة عادة من نسيج قطني سميك حتى لا يشف ماتحته، ويفضل له الألوان الداكنة، وأما الرأس فكانت المرأة تغطيه بالغدفة (الشيلة) السوداء التي تكون من القطن أيضا.

ومن النساء من كانت تستخدم الجلال (الشرشف) للصلاة، تلتف به فوق ملابسها العادية فيسترها أثناء الصلاة. وهو عبارة عن عدة عروض من قماش قطني سميك توصل ببعضها[3].

وهذا الاسلوب هو المتبع حاليا، بالاضافة إلى (الشرشف) حول الوجه لتغطية الشعر، حيث استغنت المرأة في العصر الحالي عن الشيلة أو الغدفة إلا ماندر.

---

(1) محمد عبدالعزيز القويعي، م.س ص 109، 110.

(2) الماهود اسم لقماش الجوخ الأسود، وتعرف عباءة الدفة بهذا الاسم في منطقة القصيم بنجد وهي خاصة بالعروس حسب علمي.

(3) ليلى صالح البسام، م.س ص 90.

ثامنا : الملابس الداخلية

وتنحصر في أربعة أنواع هي:

1- **الصديرية (المعضدة):** وهي تشبه النصف الأعلى من (المقطع) إلا أنها بنصف كم. وهي تصنع من الأنسجة القطنية، مع تفضيل اللبس الأبيض الموشى بألوان أخرى، لكراهية لبس الأبيض السادة باعتباره تشبها بالرجال[1] وهو أمر متفق عليه بين العامة والخاصة من قبيل عدم الوقوع في الشبهات.

2- **السروال:** وكان سروال المرأة النجدية طويلا ساترا، يتصف بالاتساع من الأعلى ويضيق تدريجيا حتى يصل إلى القدم، ويصنع السروال من أقمشة عدة كان أفضلها لفصل الصيف النسيج المصري، أو قماش خط البلدة[2].

3- **التلبيسة:** ويقصد بها القميص الداخلي (الشلحة) الذي كان يلبس تحت (المقطع) وهو يشبه المقطع تماما إلا أنه بنصف كم، وكان يلبس لحماية ملابس الزينة الثمينة – التى كانت لاتغسل بالعادة – من العرق أو الالتصاق بالجسم وخلافه. وكانت المرأة تقصر كم مقطعها القديم وتستخدمه لهذا الغرض أيضا.

4- **الوزرة:** وهي عبارة عن ازار للنصف الأسفل من الجسم. وتدك من الوسط كالسروال باستخدام (الربقة) ثم المطاط (بعد ظهوره)، وقدكانت الوزرة تلبس عوضا عن السروال[3].

---

(1) المرجع السابق، ص 92.

(2) محمد عبدالعزيز القويعي م.س ص 112.

(3) ليلى صالح البسام. م.س ص 96.

وفي الجنادرية يمكن للزائر أن يشاهد أعمال الخياطة التي يقوم بها بعض الحرفيين الذين يقدمون نماذج مختلفة من الملبوسات الشعبية للعرض أو البيع، وهم يقومون بحياكتها مباشرة أمام الزوار.

ومن الملائم هنا ان أشيرأيضا الى ان الجنادرية ومن خلال أنشطتها قد قدمت العديد من المشاركات النسائية تمثلت بالمحاضرات الهادفة كان منها محاضرة عن زي المرأة في نجد للأستاذة ليلى البسام[1].

(1) أنظر، خالد محمد السالم، الجنادرية، م.س. ص 229.

عادات تعليمية (الكتاتيب)

لم يكن التعليم في الماضي بتلك الصورة التي هو عليها الآن، من حيث التنظيم والإعداد وتوحد المنهج، بل كان لكل منطقة سعودية أسلوبها في تعليم أبناءها. وكان الأسلوب التعليمي الدارج عموما هو مدرسة الكتاتيب والتي يمثلها (الشيخ) أو (المطوع) الذي يقصده أبناء القرية أو الناحية وذلك من أجل تلقي علوم الدين واللغة على يديه[1].

وكان الطلاب الغرباء يحظون باهتمام ورعاية الأهالي المحليين، فقد كان الأهالي يقدمون المأكل والملبس لضيوف بلداتهم من طلبة العلم والذين كانوا يقطعون المسافات لطلب العلم وخاصة علوم الدين، وكان البعض من المحسنين يقدم لهؤلاء الطلاب المأوى، أو يسهم في بناء مساكن وغرف لهم قرب أماكن تعلمهم[2].

وكانت المدرسة أو (الكتاب) عبارة عن غرفة واسعة تكون غالبا قرب المسجد، مفروشة بالحصباء أو الحصر، ويتلقى الأطفال فيها أصول التعليم، حيث يقوم بعبء التعليم فيها (المطوع)[3] وكانت أوقات الدراسة تتم على فترتين: الأولى من طلوع الشمس حتى وقت الضحى، والثانية من صلاة العصر حتى وقت المغرب، كما كانت تلك الأوقات تتفاوت من منطقة إلى أخرى ومن فصل مناخي إلى آخر[4].

---

(1) عادة مايكون الشيخ أو المطوع من حفظة كتاب الله ومن المشهود لهم بالعلم والورع والتقوى.

(2) عبدالرحمن عبدالله الغنايم، المذنب بين الماضي والحاضر، ط3، المطابع ألاهلية. الرياض 1994 ص 146.

(3) الجنادرية 1406، م.س.، ص 133.

(4) علي سليمان المقوشي. البكيرية، الادارة العامة للنشاطات الثقافية، الرياض 1988 ص58.

وكان منهج تعليم الهجاء في تلك الكتاتيب معقدا للغاية، حيث يبدأ التلميـذ بـالتعرف عـلى حـروف الهجاء حرفا حرفا عن طريق التلقين، ثم الكتابة على اللوح ومحوه ثم الكتابة عليـه مـرة ثانيـة مـع اضافة المزيد من الحروف الهجائية.

وكانت عملية تعليم المطوع قاصرة على كتابة الحروف، ثم امتحان قدرات التلميذ عن طريـق خـط تلك الحروف على الأرض مع تغييب اللوح (أي الحفظ عن ظهر قلب) وذلك لمعرفة مـدى اتقـان التلميـذ لكتابة الحرف. وبعد ها ينتقل التلميذ الى قاعدة تعلـم الحـروف مـع الحركات والتنوين (بـدون شـد) أو (الحركة مع الشدة) وتلقب هذه القاعـدة بـ (الشـد القصير) و(الشـد الطويـل)، ثـم ينتقـل التلميـذ الى مرحلة أصعب وهي تعلم الحروف بجميع صورها الحركية، وتدعى تلك القاعدة (العبيبة) ولم يكن أتقـان تلك القواعد سهلا بالنسبة للطفل آنذاك[1]، وكانت تمثل له مرحلة صعبة لابد مـن اجتيازهـا. ثـم ينتقـل التلميذ الى تعلم الكلمات على شكل أسماء، وهذه العملية تدعى (الاساس)، ومن ثم يبـدأ الطالـب بـتعلم القرآن مبتدئا بقصار السور.

ويتم التدريب على تعلم القران عن طريق نسخ قصار السور على لـوح خشـبي يعد خصيصـا لهـذا الغرض، أما الزاج الذى كان يستخدم للكتابة على اللوح فكان يصنع من صبغة ثمر الرمان والهبـاب الأسود (السخام)، أما الأقلام فكانت تصنع من قصب الذرة وأغصان شجرة التين.

أما أتعاب المطوع أو ما يسمى (الكروة) فكانت عبارة عما يناله من الصدقات والهبات التي يقدمها أولياء أمور التلاميذ من نقود أو غلال زراعية وغيرها[2]. وكان البعض يأخذ أجرا نقديا مرتبطا بفـترة زمنية محدودة مثل فترة (القيظ) و(الصيف) و(الخريف) و(الشتاء). كما كان من الطبيعي أن يحضر الطلاب في

---

(1) عبدالله سليمان الجبالي، نشاطات الجنادرية 1995، م.س.، ص 146.

(2) الجنادرية 1406، م.س.، ص 133.

فصل الشتاء ومعهم من الحطب ما يكفي للتدفئة وما زاد منه فإنه يصبح من نصيب المطوع.

أما بالنسبة لتعلم القرآن فقد كانت تقام مناسبة خاصة باسم (الزفة) للتلاميذ الذين يقومون بحفظ أجزاء منه وكذلك مناسبة (الختمة) للذين يقومون بختمه وحفظه كاملا، وعادة ما تقدم الهدايا من الريالات أو غيرها للمطوع في مثل تلك المناسبة، أما الأهالي فكانوا يعدون لها وليمة دسمة يدعى اليها تلامذة المدرسة وأبناء الحي أو القرية. وقد كان يوم الخميس السابق ليوم الزفة[1] يخصص لتلاوة القرآن وختمه اضافة إلى ترديد بعض أدعية ختم القرآن، وعادة ماكان يشهد ذلك الأمر أولياء أمور الطلاب.

وقد كان للختمة أهزوجة خاصة بها تقول:

صومعية لومعية . . حافظ حافظ جزء عم مع ياسين . . حافظ حافظ كل الثلاثين . . يافرس لاتجدعينه . . يافرس توّه صغير[2].

والزائر للجنادرية يستطيع مشاهدة نماذج لماكان عليه اسلوب الكتاتيب في الماضي وذلك من خلال عروض حيّة تقدم سنويا يشارك بها بعض ذوي الخبرة (المطاوعة) اضافة لبعض الطلاب من المتطوعين أو الزائرين وذلك في أوقات وأماكن مخصصة لهذا الغرض.

(1) عبدالله سليمان الجبالي، نشاطات الجنادرية 1995، م.س.، ص 146.

(2) غالبا مايكون يوم الزفة هو السبت حيث يحضر الطلبة سيوفهم أو سيوف أولياء أمورهم بالاضافة الى حضور الأباء بخيلهم و سيوفهم، ويلبس الجميع عادة جديد ثيابهم للاحتفال. حيث يزف الحفاظ على ظهور الخيل وسط حشود من المهنئين، أنظر الجنادرية 1406، م.س.، ص 134.

الأمثال الشعبية

تمثل الأمثال الشعبية قديما وحديثا خلاصة لتجارب من الحياة قام بها أفراد وجماعات على مدى سنوات، وهي لسان حال دائم لا تخلو ذاكرة أحد منها، والمجتمع السعودي كغيره من المجتمعات مليء بالمأثورات والأمثال الشعبية التي ولدت بين أحضان التجارب وفي غمرات الأحداث، وهي أمثال قالها السلف ولازال يرددها الخلف، تفيض بالحكمة والإيجاز، ولا يخلو حديث تربوي أو توجيهي من مثل أو حكمة منها. وسأستعرض هنا بعضا مماقالت تلك الأمثال، وهي نماذج عامة مما هو متداول على السنة العامة في المجتمع السعودي:

- **ياخال أبوي حك ظهري:**

  وهو مثل يضرب للقرابة البعيدة.

- **يالله حسن الخاتمة:**

  وهو دعاء بحسن خاتمة المرء على المدى البعيد.

- **ياغريب خلك أديب:**

  أي على الغريب أن يتحلى بالأدب والأخلاق.

- **ياكل بيديه ورجليه:**

  والمثل يضرب بالشخص النهم في كل شيء.

- **يخاف من ظله:**

  وهو مثل يوصف به الجبان.

- **يسوى وزنه ذهب:**

ويضرب للشخص ذو القيمة والقدر العظيم.

◆ **مايسوي قشرة بصلة:**

وهو يضرب بمن لاقيمة ولاوزن له عند الناس.

◆ **يقتل القتيل ويمشي بجنازته:**

ويضرب بالشخص المدعي المخادع الماكر.

◆ **طير شلوى:**

ويضرب المثل بالرجل الأصيل الذي يقول ويفعل[1].

◆ **ملهي الرعيان:**

ويضرب بالشخص الذي يشغل الآخرين عن أعمالهم[2].

◆ **اللي في بطنه ريح مايستريح:**

ويضرب المثل بمن لايهدأ له بال، ولايأخذ بمشورة الآخرين.

◆ **النار ماتورث إلا الرماد:**

ويضرب المثل بمن لايتمسك بالاخلاق الكريمة التي كان عليها سلفه.

◆ **ابعد عن الداب وشْجرته:**

وهو مثل يضرب للابتعاد عن مواطن الشر والخطر[3].

◆ **كل مطرود ملحوق:**

(1) الطير المقصود به هنا الصقر، وشلوى الجبل الذي يأوي الصقور.
(2) ملهي، بمعنى مشغل. وهي من اللهو.
(3) مطر عايد العنزي، رفحاء، م.س.، 250 - 25.

ويضرب لعدم التسرع في الشي الذي يمكن ادراكه.

◆ الكلام الزين يقضي في الدين:

أي أن الكلام اللين يصنع مالا تصنعه النقود.

◆ ماكل بيضاء شحمة:

ويضرب بالشخص الذي يجهل التمييز بين أمرين متشابهين.

◆ هزه يعود لعزة:

وهو الشخص الذي يظهر معدنه عند الإختبار.

◆ لوكان خصمك القاضي فماذا أنت قاضي:

يضرب بالأمور التي يكون فيها الخصم هوالحكم.

◆ الطريق اليسره ولوطالت، وبنت العم لوشانت:

وهو مثل يشرح نفسه.

◆ لوفيه خير ماخلاه الطير:

أي أن الشي المتروك لو كان فيه منفعة لما ترك.

◆ يهون الطراد على المخيلة:

أي أن الشخص الذي يكون خارج الحلبه ليس كمن بداخلها.

◆ داوي العير من كرّه:

أي ابحث عن حل للمشكلة من داخلها[1].

---

(1) العير هنا بمعنى الحمار.

◆ **من لاعب الصبيان ندمت ركبته:**

وهو يضرب لمن يضع نفسه في موقف يندم عليه.

◆ **من استكبر لقمته غص:**

ويضرب في الشخص الذي يتحمل مالا يطيق.

◆ **مايكسر الغار إلا اختها:**

ويضرب لمن يريد عمل شيء بأن يكون قادرا عليه[1].

◆ **عين الوالد في الولد وعين الولد في السند:**

ويضرب في الولد الذي يخيب آمال والده.

◆ **مايعقلها إلا شايب:**

أي ان كبير السن هو القادر على حل الصعاب.

◆ **مايسب الناس إلا أخس الناس:**

وهو مثل يعبر عن نفسه.

◆ **النار ولا العار:**

أي أن الاحتراق في النار أهون من الاحساس بالعار.

◆ **مايمدح العروس إلا أمها:**

وهو مثل يشرح نفسه.

◆ **من جاء بدون زاهم يقعد بدون فراش:**

وهو يضرب بمن يأتي بلادعوة ولايجد ترحابا.

---

(1) الغار: قطعة الحجر.

- **العزايم لزايم:**

أي أن الالتزام بالمواعيد أمر واجب.

- **من الراس ولا القرطاس:**

أي أن القول مباشرة أفضل من أن يكتب.

- **ابن لك في كل واد قصر:**

أي اتخذ في كل مكان صديق.

- **من قال قول يالفتى يعتني به:**

أي أن الشخص اذا قال قولا فعليه الالتزام به.

- **مايصفح الشور إلا مع ثور:**

أي أن من عرضت عليه المشورة ولم يعمل بها فإنه سيندم.

- **من بدله في الناس فلا باس:**

أي ان من يوجد له مثيل أو مشابه فلا خسارة لفقده [1].

- **اللـه خلق ورزق:**

بمعنى أن اللـه موكول بعباده الذين خلقهم في أمر الرزق.

- **العبد في دبرة مولاه:**

وهو يشبه المثل السابق في معناه، أي أن اللـه ولي عباده.

- **اذا تمنيت فكثر:**

_____

(1) عبد اللـه حسن الأسمري، بللسمر، م.س.،ص 102-106.

وهو يضرب بمن يطلب المستحيل.

- **اذا طريت الحصان فولم العنان:**

أي اذا أردت أن تفعل شيئا فأعد العدة له.

- **تصك باب ويفتح اللـه مابة باب:**

أي أن الفرج بيد اللـه.

- **أقول ثور ويقول أحلبوه:**

ويضرب بمن يطلب الأمر من غير وجهته.

- **ابليس مامات:**

أي ان الشر باق في هذه الدنيا.

- **اذا فسد الراعي فسدت الرعية:**

وهو مثل يشرح نفسه.

- **اذا صرت أنا أمير وأنت أمير فمن يسرح بالحمير؟:**

وهو مثل يشرح نفسه أيضا.

- **أزين من العافية بعد المرض:**

ويضرب في وصف الفرج بعد الشدة.

- **أدب ولدك ولو زعلت أمه:**

وهو مثل يشرح نفسه.

- **أحذرك خلان الرخا عدهم قوم:**

أي اعتبر اصحابك في وقت الرخاء مفقودين بالشدة.

- **حرك تبلش:**

وهو مثل يعبر عن نفسه.

- **العصفور يهزع الرشا:**

أي أن بعض الأمور الصغيره قد تخلق مشكلة[1].

- **ربي أرزقني وارزق مني:**

ويقال فيمن يطلب لنفسه ولغيره المصلحة.

- **الحق غلاب:**

وهو مثل يقال إذا تخالف الحق والباطل.

- **الدمار أسرع من العمار:**

وهو مثل يشرح نفسه.

- **العذر مايملا بطن الجايع:**

أي أن الكلام قد لا يفيد في بعض الأحيان.

- **يامن شرى له من حلاله علة:**

وتضرب فيمن يجلب لنفسه الضر والمشاكل.

- **الأحدب يعرف كيف ينام:**

أي أن بعض الأمور التي تبدوا لك صعبه سهلة عند اللآخرين.

---

(1) الرشا : حبل البئر الذي يربط فيه الدلو.

- **إستح يستحى منك:**

وهو مثل يشرح نفسه.

- **إللي مايراك بعز لاتراه بجلال:**

أي لاتقدر من لايقدرك.

- **أكرب وجهك وأرخي يديك:**

أي كن مرنا وسطا في بعض الأمور[1].

- **اذا جاء الصرام فكل الناس كرام:**

كمن يطلب الماء من جار النهر فإنه لا يبخل على سائل[2].

بقي أن أشير إلى أن ماذكرت من الأمثال السابقة غيض من فيض وهي أمثال كثيرة زاخرة متخالفة متماثلة، ورغم ماقدم ومايقدم من أنشطة تراثية في الجنادرية إلا أنني لم أجد نشاطا يجسد تقديما لتلك الأمثال، وقد يعود السبب في ذلك لصعوبة ايجاد النشاط أو القالب الذي يمكن أن تقدم من خلاله، وعموما فإن أحاديث زوار ومرتادي الجنادرية والمشاركين بها حديثا لا يخلو عادة من أمثال تطرح هنا وهناك تستجلبها الذاكرة لإسقاطها على حدث أو حادثة ما، في تلك البقعة العابقة بالتاريخ والأصالة.

---

(1) أكرب وجهك : بمعنى قطب أو عبس.

(2) محمد بن زيد العسكر، الدم، الرئاسة العامة لرعاية الشباب، الرياض 1997، ص 213-215.

الخاتمة

تعد فكرة المهرجان الوطني للتراث والثقافة في المملكة العربية السعودية فكرة حضارية عالمية بكل المقاييس، اذ أنها ساهمت في ابراز جوانب حضارية ثرية لمجتمع الجزيرة العربية والـذي يشـكل المجتمـع السعودي النسبة الكبرى فيه من حيث مساحة الأرض وعدد السكان.

وقد اتضح من خلال هذا البحث وجود علاقة وثيقة لازالت قائمة بـين الماضي والحـاضر في مكونـات المجتمع السعودي الاجتماعية والثقافية، تجلى هذا الأمر في وجود الكثير مـن المفردات الحضارية التـي لم تندثر رغم تبدل الأحوال وتراكض السنين، تلك المفردات التي عملت على تأكيد هوية وخصوصية الفرد السعودي، والتي تمثلت في جوانب عدة تخص معيشته وحياته العامة، حيث تجلت في طريقـة مأكلـه وملبسه وفي عاداته الدينية والاجتماعية.

وقد جاءت الجنادرية لتؤكد هـذا الأمر، فمـن خـلال استقراء عـام لمضامين ومكونـات مهرجانهـا التاريخي، واستقراء مماثل للواقع الحضاري الحـديث يمكـن ملاحظـة التقـارب أو التماثل الشـديد مـابين الماضي والحاضر الذي يعتبر امتدادا طبيعيا له، عدا عن بعض الاختلافات الحتمية التي نتجـت عـن التطور التقني والفكري العام الذي واكب التطور الأممي في كل ميادين الحيـاة. فالمواطن السعودي لازال يمـارس عادات اجداده في مأكله ومشربه وملبسه وملعبه، ولازال يقتفي أثر سـالفيه في البحـث عـن فرص الحيـاة الأفضل في عالم صاخب بالتغيير.

والملفت للإنتباه ان تأتي الجنادرية وهي مشروع ثقافي ترفيهي مـدني مـن رحـم مؤسسـة عسـكرية كالحرس الوطني، مما يدلل على أهمية مثل تلك المؤسسات

وحضورها الفاعل والمميز في عملية الارتقاء بمستويات الفكر والثقافة في أي مجتمع مدني، وهو ما يصحح الصورة التقليدية التي درج على فهمها عن غالبية المؤسسات ذات الطابع العسكري وهو حدث حضاري بحد ذاته يفتح الطريق أمام منجزات ثقافية أخرى عبر مؤسسات عسكرية أخرى في أماكن أخرى.

والجنادرية ومن خلال ماسبق، كانت فكرة ذكية في دمج المعرفة بالترفيه، والماضي بالحاضر، وفي عملية ربط الوطن السعودي شماله بجنوبه وشرقه بغربه، كما كانت معرضا ناطقا يجسد صورة التمازج بين حياة الأمس واليوم يمثل منهلا معرفيا للباحث ولطالب العلم ولمحب المعرفة. وهي مشروع حضاري متجدد يتجه إلى النماء والتطوير، فقد بدأ كمهرجان اقليمي خاص ثم تحول إلى مهرجان وطني عام وهو في سعي لأن يكون خليجيا – وقد بدأ – ثم ليكون عربيا عالميا يجسد صورة الانسان الحضارية ويعمق مفهوم الأصالة في كل جوانبها.

ومن خلال مشاركتي المتواضعة في بعض أنشطة المهرجان كمشرف وكفنان تشكيلي وكشاعر وكزائر أيضا، تلمست مدى أهميته وقيمته في كونه قد أصبح معلما بارزا نابضا بالحياة تقصده الأجيال الحديثة لتستقي منه الأصالة ولتتحصن ضد تيارات التغريب التي بدأت تعصف بالأمة العربية من مشرقها إلى مغربها، هذا الأمر بحد ذاته يعد انتصارا قد يسجله السعوديون في سجلهم في معركة اثبات الذات والهوية، كما أن في تنويع النشاطات المقدمة في المهرجان مايسد ثغرات الفضول لكل زائر فهناك النشاط الثقافي بشموليته وهناك النشاط الاجتماعي بعموميته وهناك النشاط الفني والنشاط الاقتصادي وغيره، مما يفتح الباب على مصراعية لبدء مرحلة تواصل جديدة بين الأمس واليوم وبين اليوم والمستقبل على أسس متينة سليمة وفي كافة مجالات الحياة.

لقد وفرت الجنادرية على زوارها عناء السفر والترحال إلى أطراف المملكة العربية السعودية وأختصرت الطريق والوقت لقراءة الصور الحضارية والتراثية التي تعيشها كل منطقة، من خلال احتضانها الدائم للكثير من الشواهد المعمارية والفنية المجسمة والمشادة على أرض الواقع للمشاهدة، والتي جيء بها من مختلف جهات المملكة المترامية الأطراف، ومن خلال استضافتها الدورية لأرباب الفنون والمهن والرؤى والذين يحضرون سنويا لتقديم مالديهم من صناعة وفن وغيره، فضلا عن دورها الكبير في عملية التلاقح الفكري والحضاري مابين شعب المنطقة وغيره من الشعوب عبر ماتم تقديمه من ندوات ومحاضرات ومناقشات بالغة الأهمية وفي كل جوانب الفكر الانساني تلك العملية التي ساهمت في ردم الهوة تقريبا مابين المشرق والمغرب وما بين العربي والعجمي، كما ردمتها مابين السائد والبائد.

المراجع

1. سعد الحديثي. الموروث الشعبي وغير الشعبي، صحيفة الرياض، العدد 6857 بتاريخ 1407/8/4هـ.

2. محمد صالح البليهشي، بدر، رعاية الشباب، الطبعة الاولى، الرياض1993 ص 215.

3. عارف مفضي، الجوف، الادارة العامة للنشاطات الثقافية، الطبعة الأولى. الرياض 1988 ص84.

4. محمد بن عبد الله السلمان، عنيزة، وكالة شؤون الشباب، الطبعة الثانية، الرياض 1998 ص167.

5. محمد سعيد المسلم، القطيف، الرئاسة العامة لرعاية الشباب، الطبعة الثانية، الرياض 1997 ص94.

6. موضي المقيطيب، المرأة في الأمس، اللجنة النسائية للتراث، الحرس الوطني. الرياض بلا تاريخ ص13، 14.

7. موضي المقيطيب، المرأة في الأمس، م.س.، ص 14.

8. صالح حماد العنزي، الحياة الاجتماعية في الجوف، م.س. ص 86.

9. عبد الله آدم نصيف، العلا والحجر، وكالة شؤون الشباب، الطبعة الأولى، الرياض 1998 ص128.

10. عبد الله آدم نصيف، العلا والحجر، وكالة شؤون الشباب، الطبعة الأولى، الرياض 1998 ص128.

11. سعيد فالح الغامدي، التراث الشعبي في القرية والمدينة، دار العلم، جدة 1985، ص 267.

12. محمد سعيد المسلم، القطيف، مرجع سبق ذكره ص 90.

13. محمد محسن مشاري، صبيا، وكالة شؤون الشباب، الطبعة الأولى، الرياض 1992 ص111.

14. حسن بن فهد الهويمل، بريدة، الرئاسة العامة لرعاية الشباب، الرياض 1402، ص 86.

15. محمد حاسر ابراهيم عريشي- أبو عريش، الادارة العامة للنشاطات الثقافية. الرياض 1997، ص119.

16. محمد علي مغربي، ملامح الحياة الاجتماعية في الحجاز، في القرن الرابع عشر هجري، تهامة، الطبعة الأولى، جدة 1982 ص 89.

17. محمد عباس، الطب الشعبي والمعتقدات الشعبية، مؤسسة العين للنشر- الامارات 1989م، ص 67.

18. محمد بدر الدين الزيتوني، الطب الشعبي والتداوي بالأعشاب، سوريا، دمشق 1986م ص 48.

19. عبدالرحمن مصيقر، استخدام الطب الشعبي في دول الخليج، مجلة المأثورات الشعبية، السنة 11 العدد 42 ابريل، مركز التراث الشعبي لمجلس التعاون الخليجي الدوحة 1996 ص 101-103.

20. عبدالعزيز أبو زيد. المرجع السابق ص 86 وللمزيد أنظر كتاب أيمن الحسيني، الوصفات الشعبية، دار الطلائع القاهرة 1992.

21. عبد الله سالم موسى القحطاني، التراث الشعبي في عسير، مكتبة الملك فهد، الرياض 1996 ص447.

22. وللمزيد من المعلومات حول الأعشاب الطبية أنظر كتاب، وينتر غريفيث، تعريب مركز التعريب والبرمجة، الفيتامينات والأعشاب والمكملات الغذائية، الصادر عن الدار العربية للعلوم، بيروت 2000م.

23. عباس محمد زيد العيسى- موسوعة التراث الشعبي في المملكة العربية السعودية، المأكل والمشرب، وكالة الآثار والمتاحف، ج 5 الرياض 1998 ص 15.

24. نوف نواف الراشد، نساء الجوف والتراث الشعبي، مطابع اليمامة، الرياض 1421، ص 32.

25. محمد أحمد الرويثي، الوجه، الرئاسه العامة لرعاية الشباب، الرياض 1994، ص 174.

26. عبدالرحمن عبد الله الغنايم، المذنب بين الماضي والحاضر، ط3، المطابع ألاهلية. الرياض 1994 ص 146.

27. علي سليمان المقوشي. البكيرية، الادارة العامة للنشاطات الثقافية، الرياض 1988 ص58.

28. محمد بن زيد العسكر، الدلم، الرئاسة العامة لرعاية الشباب، الرياض 1997، ص 213-215.

29. ابن الفقيه، أبو بكر أحمد بن محمد الهمذاني مختصر- كتاب البلدان، ليدن، بريل 1302هـ ص30.

30. ابن بطوطة، أبو عبد الله محمد بن إبراهيم - رحلة بن بطوطة، بيروت، دار صادر، بيروت 1384هـ ص306.

31. الملك فهد بن عبد العزيز، قائد مسيرة التنمية، وكالة الصحراء للدعاية، الرياض 1418 ص 144.

32. أمل الجندل، الألعاب الشعبية، المهرجان الوطني للتراث، اللجنة النسائية، الرياض 1996 ص5.

33. إبراهيم بن عبد العزيز السبيعي، الجغرافية التاريخية لمنطقة الرياض، مـن إصـدارات المهرجـان الوطني للتراث والثقافة، الرياض 1993م ص 211.

34. إبراهيم عبد العزيز المعارك، الرياض والقصيم، الطبعة الأولى الرياض 1419 ص124، 140.

35. جابر علي القرني، دولة ورجال، المهرجان الوطني للتراث والثقافة، الرياض 1415 ص 62.

36. جاسم محمد الياقوت، الأيادي البيضاء، الطبعة الأولى، الرياض 1994.

37. حسن بن فهد الهويمل، بريدة، الرئاسة العامة لرعاية الشباب، الرياض 1402هـ ص79.

38. حمد الجاسر، السويس بدلاً من الجنادرية، مجلة الحرس الوطني، العدد 135 إبريل 1988 ص6.

39. خالد بن جابر الغريب، منطقة الإحساء عبر التاريخ، الدار الوطنية للنشر، الخبر 1986 ص 338.

40. خالد محمد السالم، الجنادرية ماض وحاضر، الرياض 1415هـ ص 13،14.

41. سعيد فالح الغامدي، التراث الشعبي في القرية والمدينة، الطبعة الأولى، جدة 1985، ص 325.

42. صالح بن عبدالعزيز الخضيري، عرعر، وكالة شؤون الشباب، الرياض 2000 ص 31، 63.

43. صالح حماد العنزي، الحياة الاجتماعية والاقتصادية في منطقة الجوف، م. س، ص 171، 172.

44. صالح حماد العنزي، الحياة الاجتماعية والاقتصادية في منطقة الجوف القرن 20 رسالة ماجستير، الجامعة الأردنية 2002م ص 10.

45. صالح محمد آل مريح، نجران، الطبعة الأولى الرياض 1410هـ ص 15.

46. عباس محمد زيد العيسى، صناعة الخوصيات، الجزء الثاني، وكالة الآثار والمتاحف، الرياض، 1998 ص 14.

47. عباس محمد زيد العيسى، الأدوات الزراعية، الجزء الرابع، وزارة المعارف، الرياض 1998 ص 43، 44.

48. عبد الحفيظ الجازع الشمري، من عكاظ إلى الجنادرية، الطبعة الأولى الرياض 1994م ص119، 120.

49. عبد الرحمن الأنصاري، قرية الفاو صورة للحضارة العربية قبل الإسلام، إصدار جامعة الرياض 1377م ص14.

50. عبد الرحمن المانع، معجم الكلمات الشعبية في نجد، الطبعة الأولى 1418هـ مكتبة الملك فهد بالرياض ص 31.

51. عبد الرحيم الأحمدي، الكسرة في الشعر النبطي، جمعية الثقافة والفنون الرياض 1999 ص 48.

52. عبد العزيز عبد الرحمن الشعيل وآخرون، المهرجان الوطني للتراث والثقافةن مطابع الحرس الوطنين الرياض 1986م ص112.

53. عبد الله الجبالي، نشاطات 1410هـ إصدارات المهرجان الوطني لتراث والثقافة الرياض. 1410 ص 50.

54. عبد الله بن محمد بن خميس – معجم اليمامة، الرياض، مطابع الفرزدق الطبعة الثانية 1400هـ الجزء الأول ص 42.

55. عبد الله حسن الأسمري، بللسمر، الإدارة العامة للنشاطات الثقافية، الرياض ص83.

56. عبد الله سليمان الجبالي، نشاطات المهرجان الوطني للتراث والثقافة السابع، الحرس الوطني، الرياض 1993 ص344.

57. عبد الله سليمان الجبالي، المهرجان الوطني للتراث والثقافة، نشاطات 1410، مطابع الحرس الوطني، الرياض 1990 ص211.

58. عبد الله سليمان الجبالي، حرف ومفردات من التراث، الحرس الوطني، الرياض 1990 ص16.

59. عبد الله سليمان الجبالي، نشاطات مهرجان الجنادرية الحادي عشر، اصدارات الحرس الوطني الرياض 1410 ص176.

60. عبد الله سليمان الجبالي، نشاطات المهرجان الوطني الحادي عشر، الرياض، 1998، ص 62.

61. عبد الله عبد العزيز الضويحي، مرات، هذه بلادنا، رعاية الشباب، الرياض 1419 ص111.

62. عبد اللـه علي العرجاني، سباق الهجن الثالث والعشرون، مطابع الحرس الوطني، الرياض 1997 ص12.

63. فؤاد عبدالسلام الفارسي، الأصالة والمعاصرة المعادلة السعودية، الرياض 1996م ص24.

64. فهد العلي العريفي، حائل، الشؤون الثقافية، رعاية الشباب، الطبعة الأولى، الرياض 1402هـ ص 45، 46.

65. فهد بن إبراهيم العسكر، المجمعة، الرئاسة العامة لرعاية الشباب، الرياض 2000م ص125.

66. فهد بن عبدالعزيز العسكر، الرياض، وكالة شؤون الشباب، الطبعة الأولى الرياض 1993م ص31.

67. فهد بن عبدالعزيز الكليب، الرياض ماض تليد وحاضر مجيد، دار الشبل الرياض 1990م ص54.

68. محمد الميمان: من مفردات التراث الشعبي، لجنة التراث والفنون الشعبية، الرياض 1988، ص 62، 63.

69. محمد إبراهيم الميمان، من الحرف الشعبية، الجمعية السعودية للثقافة والفنون، الرياض 1994، ص 14.

70. محمد بن سعد الشويعر، نجد قبل 250 سنة، اصدارات النخيل، الرياض 1992، ص104.

71. محمد بن علي الهرفي، تبوك، الرئاسة العامة لرعاية الشباب، الرياض 1989م ص15.

191

72. محمد ربيع، مفردات الفن الشعبي في الباحة، مطابع الحـرس الـوطني، الريـاض 1989، ص 19، 22.

73. محمد عبدالعزيز القباني، ضرما، وكالة شؤون الشباب، الطبعة الأولى، الرياض 1993، ص13.

74. محمد عبدالعزيز القويعي، تراث الأجداد، الجزء الثاني، الطبعة الأولى، الرياض 1984، ص81.

75. محمد عبدالعزيز القويعي، تراث الأجداد، الجزء الثاني، الطبعة الأولى، الرياض 1984 ص 55.

76. محمد عبدالعزيز القويعي، تراث الأجداد، الجزء الأول، الطبعة الثانية، الرياض 1995، ص 260.

77. مطر بن عايد العنزي، رفحاء، الرئاسة العامة لرعاية الشباب، الرياض 2001، ص 155.

78. ناصر عبد الـله الحميضي، بلادنا السعودية، الطبعة الأولى، الرياض، 1994، ص 58.

79. ناصر عبد الـله الحميضين بلادنا السعودية، الطبعة الأولى، الرياض 1414هـ ص 205.